Christos Vrionides

BYZANTINE HYMNOLOGY
The Divine Services
of the
Greek Orthodox Church

Holy Cross Orthodox Press
Brookline, Massachusetts 01246
1980

© Copyright 1980 by Holy Cross Orthodox Press
50 Goddard Avenue
Brookline, Massachusetts 02146

We acknowledge our deep appreciation to Mrs. Helen
Vrionides of North Babylon, New York for the gift to
Holy Cross Orthodox Press of the original plates of her
husband's *Byzantine Hymnology*. This edition is dedi-
cated to his memory.

Library of Congress No. 79-30-28
ISBN 0-916-586-33-2
Printed in the United States of America

ΕΓΚΡΙΣΕΙ
ΤΗΣ ΕΛΛΗΝΙΚΗΣ ΑΡΧΙΕΠΙΣΚΟΠΗΣ ΑΜΕΡΙΚΗΣ ΒΟΡΕΙΟΥ ΚΑΙ ΝΟΤΙΟΥ

SECOND EDITION

ΥΜΝΩΔΙΑ

ΤΗΣ

ΒΥΖΑΝΤΙΝΗΣ ΕΚΚΛΗΣΙΑΣΤΙΚΗΣ ΜΟΥΣΙΚΗΣ

ΤΩΝ ΙΕΡΩΝ ΑΚΟΛΟΥΘΙΩΝ

ΤΗΣ ΜΕΓΑΛΗΣ ΤΟΥ ΧΡΙΣΤΟΥ ΕΚΚΛΗΣΙΑΣ

ΠΕΡΙΕΧΟΥΣΑ

Διὰ Μικτὴν Τετράφωνον ἢ Τρίφωνον Χορῳδίαν καὶ Ἁρμόνιον τὴν Θείαν Λειτουργίαν

καὶ Ὕμνους τοῦ Ἐνιαυτοῦ, Διαφόρων Τελετῶν· καὶ Ἀκολουθιῶν

Ἀπολυτίκια, Κοντάκια, Εἰσοδικά, Μεγαλυνάρια καὶ Κοινωνικά,

Ο ΑΚΑΘΙΣΤΟΣ ΥΜΝΟΣ   ΜΕΓΑΛΗ ΕΒΔΟΜΑΣ   ΠΑΣΧΑ

Υπο ΧΡΗΣΤΟΥ Π. ΒΡΥΩΝΙΔΟΥ
ΠΡΩΤΟΨΑΛΤΟΥ
ΤΗΣ ΕΛΛΗΝΙΚΗΣ ΑΡΧΙΕΠΙΣΚΟΠΗΣ ΑΜΕΡΙΚΗΣ
Professor of Music at the Greek Archdiocese Theological
School of Music
Brookline, Massachusetts
Καθηγητοῦ τῆς Ἱερᾶς Βυζαντινῆς Μουσικῆς ἐν τῷ Union Theological Seminary, New York City.
Ἱδρυτοῦ καὶ Διευθυντοῦ τῆς Greek Byzantine Vocal Ensemble.
Καθηγητοῦ τῆς Βυζαντινῆς Ἱστορίας καὶ Μουσικῆς ἐν τῷ Master Institute of Roerich Museum, New York

Holy Cross Orthodox Press
Brookline, Massachusetts 02146
1980

TEL BUTTERFIELD 8 - 3535
3541

CABLE ADDRESS ARCHGREEK. NEW YORK

GREEK ARCHDIOCESE OF NORTH AND SOUTH AMERICA
ΕΛΛΗΝΙΚΗ ΑΡΧΙΕΠΙΣΚΟΠΗ ΑΜΕΡΙΚΗΣ ΒΟΡΕΙΟΥ ΚΑΙ ΝΟΤΙΟΥ
10 EAST 79TH STREET
NEW YORK 21, N. Y.

Κύριον Χρῆστον Βρυωνίδην,
Ἄρχοντα Μουσικοδιδάσκολον
τῆς Ἱερᾶς Ἀρχιεπισκοπῆς Ἀμερικῆς Β.καί Ν.,
Εἰς BABYLON, L,I,, N.Y.-

P.O.BOX 671.-

C O M M E N T S

Ἀγαπητέ μου κ. Βρυωνίδη,

        Ἐπιθυμῶ νά σᾶς εὐχατιστήσω διά τήν
ἀποστολήν τοῦ ἀντιτύπου τῆς " ΥΜΝΩΔΙΑΣ ΤΗΣ ΒΥΖΑΝΤΙΝΗΣ ΕΚΚΛΗ-
ΣΙΑΣΤΙΚΗΣ ΜΟΥΣΙΚΗΣ " καί νά σᾶς ἐκφράσω τά ἐγκάρδια μου συγχα-
ρητήρια διά τήν συγγραφήν τοῦ ὡραιοτάτου τούτου βιβλίου τό ὁ-
ποῖον εἶμαι βέβαιος ὅτι θά προσφέρῃ πολυτίμους ὑπηρεσίας εἰς
τάς χορωδίας μας τάς εὐλογημένας τῶν ἀγαπητῶν ἡμῶν Κοινοτήτων
τῆς Ἱ. Ἀρχιεπισκοπῆς Ἀμερικῆς Β.καί Ν.,
        Θέλω νά πιστεύω ὅτι ἅπασαι αἱ Κοινό-
τητες θά ἐκτιμήσουν δεόντως τούς κόπους εἰς τούς ὁποίους ὑπε-
βλήθητε καί τάς δαπάνας τάς ὁποίας ὑπέστητε καί θά θελήσουν
συνεχῶς νά ὑποστηρίξουν ἠθικῶς καί ὑλικῶς τήν ὑμετέραν ἀξιέπαι-
νον προσπάθειαν.
        Καί αὖθις δέ εὐχαριστοῦντες, ἐγκαρδί-
ως συγχαίροντες ὑμᾶς, διατελοῦμεν μετά πολλῆς ἀγάπης,

        Διόπυρος εὐχέτης πρός Κύριον

        Ὁ Ἀρχιεπίσκοπος

Ὁ Σεβ. Ἀρχιεπίσκοπος Βορείου καὶ Νοτίου Ἀμερικῆς
κ. ΜΙΧΑΗΛ

1

ΑΦΙΕΡΟΥΤΑΙ

ΕΙΣ ΤΗΝ

ΝΕΑΝ ΓΕΝΕΑΝ ΤΟΥ ΕΝ ΑΜΕΡΙΚΗ ΕΛΛΗΝΙΣΜΟΥ

ΕΙΣ ΤΗΝ ΟΠΟΙΑΝ ΟΥΤΟΣ ΣΤΗΡΙΖΕΙ

ΟΛΑΣ ΑΥΤΟΥ ΤΑΣ ΕΛΠΙΔΑΣ.

ΠΡΟΛΟΓΟΣ

Πολλαχόθεν ἀκούονται παράπονα, ὅτι ἡ Θεία Λειτουργία εἰς τὰς Ἐκκλησίας ἡμῶν διαρκεῖ πάρα πολὺ καὶ ἐπὶ πλέον δὲν προσελκύει τὴν νεολαίαν.

Ἀναγνωρίζοντες τὴν ὕπαρξιν παραπόνων, νομίζομεν ὅτι ταῦτα προέρχονται μᾶλλον ἀπὸ κάποιαν σύγχυσιν, ἢ καὶ βιαστικὴν ἐξέτασιν τῶν πραγμάτων.

Ἐν πρώτοις, ἡ κυρίως Θεία Λειτουργία, καὶ ὅπως ψάλλεται σήμερον, δὲν διαρκεῖ περισσότερον τῆς μιᾶς ὥρας. Φαίνεται ὅμως μακρά, διότι εἶναι συνδεδεμένη μὲ τὸν Ὄρθρον, καὶ παρὰ πολλῶν Ἱερέων ἡ ἐκφώνησις «Εὐλογημένη ἡ Βασιλεία........» γίνεται τόσον ταχέως μετὰ τὴν Δοξολογίαν, ὥστε οἱ Χριστιανοὶ νὰ νομίζουν, ὅτι Ὄρθρος καὶ Λειτουργία εἶναι ἓν καὶ τὸ αὐτό.

Δεύτερον, πολλοὶ ὑποθέτουν, ὅτι οἱ νέοι δὲν ἐκκλησιάζονται, διότι δὲν ἐννοοῦν δῆθεν τὴν γλῶσσαν τῆς Θείας Λειτουργίας.

Μὲ τὸ σοβαρὸν τοῦτο ζήτημα θὰ ἀσχοληθῶμεν εὐρύτερον τόσον διὰ τοῦ «Ὀρθοδόξου Παρατηρητοῦ» ὅσον καὶ διὰ ἰδιαιτέρου φυλλαδίου. Ἐδῶ λέγομεν τοῦτο μόνον, ὅτι δηλαδὴ πάντοτε καὶ εἰς ὅλας τὰς Ἐκκλησίας τοῦ Χριστοῦ ἡ γλῶσσα τῆς Θείας Λειτουργίας εἶναι πολὺ διάφορος καὶ δυσκολωτέρα τῆς ὁμιλουμένης, καὶ ὅπου ἀκόμη χρησιμοποιεῖται εἰς τὴν Λειτουργίαν ἡ ἐθνικὴ γλῶσσα. Ὑπάρχει δὲ καὶ σήμερον ἑτερόδοξος Ἐκκλησία, χρησιμοποιοῦσα γλῶσσαν νεκρὰν καὶ καθολοκληρίαν ἄγνωστον εἰς τοὺς Χριστιανούς της, καὶ ὅμως συγκεντρώνει αὐτούς, καὶ πρὸ παντὸς τὴν νεολαίαν, κατὰ μυριάδας εἰς τὴν Λειτουργίαν.

Ἐκ τούτου ἐξάγεται, ὅτι ἡ λύσις τοῦ προβλήματος τοῦ ἐκκλησιασμοῦ τῶν νέων ἐξαρτᾶται πρὸ παντὸς ἐκ τῆς πλουσιωτέρας καὶ βαθυτέρας καλλιεργείας τοῦ θρησκευτικοῦ συναισθήματος τοῦ ἀνθρώπου ἀπὸ τῆς μικρᾶς του ἡλικίας.

Καὶ ἀκριβῶς τὰς δύο ταύτας ἀνάγκας ἔρχεται νὰ θεραπεύσῃ τὸ Μουσικὸν τοῦτο Βιβλίον, νὰ καλλιεργήσῃ τουτέστι κατὰ τὸ θρησκευτικὸν συναίσθημα τῶν Χριστιανῶν ἡμῶν καὶ νὰ καθορίσῃ τὸν χρόνον τῆς Θείας Λειτουργίας.

Ἂν μετὰ τὸ τέλος τοῦ Ἑωθινοῦ Δοξαστικοῦ γίνηται μικρὰ διακοπὴ καὶ τὴν Δοξολογίαν ἀρχίζει ὁ Ἐκκλησιαστικὸς Χορός, ἡ καθ' ἑαυτὸ Λειτουργία θὰ διαρκῇ μόνον μίαν ὥραν, καὶ μὲ ἓν κήρυγμα σύντομον, διαρκείας τὸ πολὺ 15-20 λεπτῶν, οἱ Χριστιανοὶ θὰ εἶναι εἰς τὰς οἰκίας των πάντοτε πρὸ μεσημβρίας.

Εἰσάγοντες δὲ τὴν διδασκαλίαν τῆς Λειτουργίας ταύτης εἰς τὰ Ἀπογευματινὰ μας Σχολεῖα, τὰ Κατηχητικὰ Σχολεῖα καὶ εἰς τὰς Ἑλληνικὰς Οἰκογενείας, θὰ καλλιεργήσωμεν αἴσθημα θρησκευτικόν, ὅπερ θὰ προσελκύῃ ὅλους ἀκατανίκητα πρὸς τὴν Ἐκκλησίαν, μίαν τουλάχιστον ἡμέραν τὴν ἑβδομάδα, πρὸς ἐπικοινωνίαν μὲ τὸν Πανάγαθον Θεὸν καὶ ἁγιασμόν μας.

Ἡ Μουσικὴ τοῦ Βιβλίου τούτου εἶναι ἡ Βυζαντινή, ἐνηρμοσμένη καὶ γεγραμμένη μὲ χαρακτῆρας τῆς Εὐρωπαϊκῆς Μουσικῆς, ἱκανοποιοῦσα τοιουτοτρόπως τοὺς μεγαλητέρους τὴν ἡλικίαν καὶ τοὺς νεωτέρους. Ἐπὶ πλέον δ' ἔχει καὶ μουσικὴν δι' ὄργανον, τοῦθ' ὅπερ καθιστᾷ τὸ βιβλίον τοῦτο ἀκόμη ὠφελιμώτερον καὶ ἐπαγωγόν.

Διὸ καὶ ἀπὸ τῆς θέσεως ταύτης ἐκφράζομεν πρὸς τὸν συνθέτην αὐτοῦ κ. Χρῆστον Βρυωνίδην, Πρωτοψάλτην καὶ Διευθυντὴν τοῦ Ἐκκλησιαστικοῦ Χοροῦ τοῦ Ἰ. Καθεδρικοῦ Ναοῦ τῆς Νέας Ὑόρκης, θερμὰς εὐχαριστίας μετ' ἐγκαρδίων συγχαρητηρίων.

Ἀπευθυνόμενοι δὲ πρὸς τοὺς εὐλαβεστάτους Ἱερατικοὺς Προϊσταμένους, τὰ Ἐντιμότατα Διοικητικὰ Συμβούλια, τοὺς Ἐλλογίμους Διδασκάλους καὶ τὴν Εὐσεβῆ Ὁμογένειαν γενικῶς, ἐκφράζομεν τὴν πεποίθησιν, ὅτι θὰ ἐκτιμήσωσι τὴν προσπάθειαν ταύτην, ἡ ὁποία γίνεται διὰ τὸν ὡς ἄνω ἱερὸν σκοπόν.

Τὰ πάντα πρὸς μόρφωσιν καὶ ἀνάπτυξιν τῆς Νεολαίας.

TO ΑΝΩΤΑΤΟΝ ΕΚΠΑΙΔΕΥΤΙΚΟΝ ΣΥΜΒΟΥΛΙΟΝ 1937

2

VRIONIDES, CHRISTOS: Greek-American Orchestral and Choral Conductor, Tenor Soloist, and Lecturer on Byzantine Music. Bass Violist. Presently conductor of the Babylon (New York) Symphony Orchestra, cantor and choirmaster of the Hellenic Greek Orthodox Church St. Spyridon in New York City, and director of the patients' glee club and orchestra in the music therapy project of the Veterans Administration Hospital in Northport, New York. Born 12 January 1894 at Chania, Crete, Greece, to Paraskeva Christos and Cleanthe (Hatzidakis) Vrionides.

His father was an accomplished opera baritone. Christos was educated at the Odeon Conservatory in Athens, Greece, Diploma 1911-19; at the Juilliard Institute of Musical Art in New York City, Certificate 1925-29; and at the David Mannes School of Music in New York City, Certificate 1931-33. He studied conducting, composition, voice, and bass viol with several teachers, and in 1930 was a student in composition under Rubin Goldmark as holder of a Juilliard Foundation Fellowship. At Town Hall in New York City Mr. Vrionides conducted the Byzantine Singers in programs in 1931 and in 1932, and conducted the Vrionides Sinfonietta in a program of modern contemporary music in 1934. He was conductor of the Nassau-Suffolk (New York) Symphony Orchestra, a W.P.A. project, 1934-41; conductor of the New York City Symphonic Band, a W.P.A. project, 1942-43; organizer and conductor of the Brunswick (Georgia) Little Symphony Orchestra as part of the "Music in Industry Program" at the Brunswick shipyards, 1943-44; and conductor of the Pro Arte Symphonette at Rockville Center, New York, 1946-47. Mr. Vrionides organized the Babylon Symphony Orchestra in 1947. He has been cantor and choirmaster of the St. Spyridon church since 1946, and has been on the staff of the Veteran's Hospital in Northport since 1949. He has also been a voice teacher for the Amalgamated Laundry Workers in New York City since 1947. He served in the Greek Army for seven years, 1914-16 and 1918-23, as a military bandman. Mr. Vrionides' published compositions include *Washington Monument,* for mixed chorus (1940); *Out of the Rolling Ocean the Crowd,* for women's chorus (1940); and *Parnassus Spring Waters,* for string orchestra (1948). On 11 May 1944 he married Helen Agatha Thomas, pianist, organist, choral director, and composer. They have two children, Margaret Rossina (1945) and Peter Cristos (1947). Christos Vrionides has brown eyes, graying black hair, weighs 195, and is 5′ 7″ in height. Affiliated with the Greek Orthodox Church, and a Republican, he is a member of the American Composers Alliance, the A.M.S., the N.A.A.C.C., the I.S.C.M., and the New York Federation of Music Clubs (chairman of orchestras and bands 1948). Mr. Vrionides' recreations include landscaping. Residence: 127 Brookside Avenue (BAbylon 1469-W), Babylon, Long Island, New York.

Η ΜΟΥΣΙΚΗ ΓΡΑΦΗ
ΤΗΣ ΣΩΖΟΜΕΝΗΣ ΒΥΖΑΝΤΙΝΗΣ

ΕΩΘΙΝΟΝ Θ΄. ῏Ηχος λ ᾱ Πα

«Δόξα»

Instruction note for the Organist:

Referring to the parts of this book where melody and harmony
in three parts is written on one staff in three-note chords,
the lowest note is the BASS note and is to be played an
octave lower, for example:

Written
this
way:

Τὸ ὄ . νο . μα Κυ . ρί . ου εἴ_____

For
ORGAN
it is
to be
played
this
way

Τὸ ὄ . νο . μα Κυ . ρί . ου εἴ_____

IMPORTANT NOTE TO THE ORGANISTS OF OTHER DENOMINATIONS

Numbers appropriate for

OFFERTORIES	Cherubic Hymns, Numbers	56,57,58,59,60
PRELUDES	. . . . " "	32,92,93,94,133
PROCESSIONALS	Gloria . . . .". ."	1–16,147
RECESSIONALS	The Dismissal Songs of the eight MODES of BYZANTINE MUSIC	
	Numbers	33,34,35,36,37,38,39,40
COMMUNION SONGS	. . . . " "	102,104,105,106

Comments of the Press on BYZANTINE MUSIC presented
in Concerts to the American Public by the

BYZANTINE SINGERS
CHRISTOS VRIONIDES, Director

ΕΤΟΣ 1937
Ο ΑΡΧΙΕΠΙΣΚΟΠΟΣ ΑΜΕΡΙΚΗΣ ΠΕΡΙ ΤΗΣ ΕΚΚΛΗΣΙΑΣΤΙΚΗΣ ΜΟΥΣΙΚΗΣ

ΜΙΑ ΕΓΚΥΚΛΙΟΣ ΠΡΟΣ ΤΟΥΣ ΙΕΡΕΙΣ ΚΑΙ ΤΑ ΕΚΚΛΗΣΙΑΣΤΙΚΑ ΣΥΜΒΟΥΛΙΑ

Πρὸς τοὺς εὐλαβεστάτους ἐφημερίους, τὰ ἔντιμα Διοικητικὰ Συμβούλια καὶ ἄπαντας τοὺς εὐσεβεῖς Χριστιανοὺς τῆς καθ' ἡμᾶς θεοσώστου Ἀρχιεπισκοπῆς.

Τέκνα ἐν Κυρίῳ ἀγαπητά,.

Ἐκ τῶν πρώτων μελετημάτων ἡμῶν ἀπὸ τῆς ἀναλήψεως ἐνταῦθα τῆς ἱερᾶς καὶ ὑψηλῆς ταύτης διακονίας, ὑπῆρξε καὶ ἡ βελτίωσις τῆς Ἐκκλησιαστικῆς Μουσικῆς ἐν τοῖς Ναοῖς τῆς καθ' ἡμᾶς Ἀρχιεπισκοπῆς.
Μελετῶντες τὴν ἱστορίαν τῆς θείας ταύτης τέχνης, εὑρούσης καὶ ταύτης ἐν Βυζαντίῳ τὴν βαθυτέραν αὐτῆς ἀνάβλυσιν καὶ τὴν μελωδικωτέραν ἐκδήλωσιν, βλέποντες δ' ἀφ' ἑτέρου τὴν παραμέλησιν αὐτῆς καὶ τὴν ἀπ' αὐτῆς ζημίαν, ἐποθήσαμεν μίαν ἀναγέννησιν, μίαν νέαν ὤθησιν, ἐξ ἧς ἀσφαλῶς πολλὰ ἠδύνατό τις νὰ ἐλπίζῃ. Διὸ συνεκροτήσαμεν Ἐπιτροπὰς ἐκ Μουσικῶν Κληρικῶν καὶ Λαϊκῶν, ἐνταῦθα καὶ ἐν Σικάγῳ πρὸς μελέτην τοῦ ζητήματος. Ἀλλ' ὁ μουσικολογιώτατος κ. Χρῆστος Βρυωνίδης, μέλος τῆς Ἐπιτροπῆς τῆς Νέας Ὑόρκης, προήχθη καὶ εἰς τὴν ἔκδοσιν ἰδίας ἐργασίας ὑπὸ τὸν τίτλον «Ἡ Ἐκκλησιαστικὴ Μουσικὴ».
Καὶ χαίρομεν ἐπὶ τούτῳ ἀπὸ καρδίας, διότι σκοπὸς ἡμῶν εἶναι νὰ δίδωμεν παντὶ σοφῷ ἐν τῷ ἔργῳ αὐτοῦ ἀφορμήν, ἵνα γίνηται σοφώτερος. Χαίρομεν διότι βλέπομεν ζῆλον, κόπον, προσπάθειαν, ἀλλὰ καὶ ἐπιτυχίαν ἐν τῷ ἐκδοθέντι πονήματι αὐτοῦ. Χαίρομεν, διότι προσφέρεται εἰς ἱεροψάλτας, τοὺς διευθυντὰς χορῶν, τὰς οἰκογενείας, σύστημα δυνάμενον πολλοὺς νὰ ἱκανοποιήσῃ καὶ τέρψῃ ψυχικῶς.
Πιστεύομεν καὶ ἡμεῖς, ὅτι διὰ τοῦ βιβλίου τούτου παρέχεται τὸ μέσον, ὅπως οὐ μόνον εἰς ἅπαντας τοὺς Ἱ. Ναοὺς ἡμῶν καταρτισθῶσι μετ' εὐκολίας Ἐκκλησιαστικοὶ Χοροί, ἀλλ' εἰσέλθῃ ἡ πατροπαράδοτος ἱερὰ μουσικὴ καὶ εἰς τὴν Ἑλληνικὴν οἰκογένειαν, ὡς ἐγίνετο τὸ πάλαι. Συγχαίρομεν δὲ αὐτῷ θερμῶς, εὐχόμενοι ὅπως τὸ ἔργον αὐτοῦ ἐκτιμηθῇ δεόντως καὶ κυκλοφορήσῃ ὅσῳ τὸ δυνατὸν εὐρύτερον.
Καὶ πρὸς τοῦτο θὰ εἴχομεν νὰ ἀπευθύνωμεν πατρικὴν πρὸς πάντας ὑμᾶς σύστασιν ἐπὶ ἀμοιβῇ τῶν κόπων αὐτοῦ καὶ ἐνίσχυσιν πάντων τῶν ἐργαζομένων ἐν τῷ Ἀμπελῶνι τοῦ Κυρίου.
Μετ' εὐχῶν θερμῶν καὶ ἀγάπης,

†Ο Ἀμερικῆς ΑΘΗΝΑΓΟΡΑΣ

ΝΕΑ ΥΟΡΚΗ, 1937

I. Easy Liturgy for the average choir: II. Liturgy for the more advanced choir:

Hymn No.

		Page
1	Doxology	7 - 18
20	Kyrie Eleison	19
21	Tes presvies (major key)	20 - 22
29	" (or minor key) pg. 24 - 26	
33	Apolytikia (choir in unison with organ)	
41	Kontakia - Prostasia	33 - 46
	or #42 I ke in dapho (for Easter)	47 - 49
	(other Kontakia pages 156 - 164)	48
43	Ayios o Theos	50
44	Archieratike Liturgy	
57	Cherubic Hymns	51 - 53
	or #59 pg. 66 - 68	61 - 63
71	Patera Ion (major)	
63	Pistevo (Credo)	80 - 83
82	Aksion	72
	or #83 (short)	83 - 85
84	Patera Ion (minor)	
93	Epi Si Heri	86 - 87
103	Is ayios	88 - 89
105	Enite ton Kyrion - (Koinonikon)	95
	(other Koinonika pages 98 - 103)	96
122	Too Thipnoo Soo too mistikoo	
123	Ithomen to fos	103
124	Ii to onoma Kyrioo	104
126	Amomi en otho (Nekrosimos Akoloothia)	105
		106

II

1	Doxology	7 - 18
30	Kyrie Eleison	27
31	Tes presvies (major key)	28 - 32
	or #29 (minor key) pages 24 - 26	
33	Apolytikia (four part harmony with organ acc.)	33 - 46
41	Kontakia - Prostasia	47 - 49
	or #42 I ke en dapho (for Easter) page 48	
49	Ayios o Theos	54
	or #50 page 55	
	Cherubim Songs (five choices)	
	#56 page 57	
	57 61	
	58 64	
	59 66	
	60 69	
62	Patera Ion (major)	72
63	Pistevo (Credo)	72
69	Se imnoumen	75
	or #81 page 83	
	or 92 87	
70	Aksion estin	76 - 79
94	Epi Si heri	90 - 91
101	Is ayios	93
	or #103 page 95	
102	Enite ton Kyrion - (Koinonikon)	94
	or #104 page 95	
	or 106 97	
	other Koinonika pages 98 - 103	
122	Too Thipnoo Soo too mistikoo	103 ·
123	Ithomen to fos	104
124	Ii to onoma Kyrioo	105
126	Amomi en otho (Nekrosimos Akolothia)	106

For Additional Hymns Added in the Second Edition See Pages 249 to 260

ΔΟΞΟΛΟΓΙΑ

DOXOLOGY

For Mixed Chorus
Soprano, Alto, Tenor, Bass
and Organ

2. Ὑ - μνοῦ ---- μέν Σε, εὐ - λο - γοῦ-μέν,
Im - nu -------- men se ev - lo -woo-men

Σε, προσ-κυ- νοῦ- μέν Σε, δο - ξο-λο - γοῦ- μέν
se, pros -ki- nu-men se tho- kso- lo- woo -men

Σε, εὐ - χα - ρι - στοῦ ----- μέν --------- Σοι,
se ef - ha - ri - stu -------- men --------- si,

δι - ὰ τὴν με- γά ---- λην Σου δό -------- ξαν.
thi - a tin me- hga ----- lin su tho -------- ksan.

3. Κύ --- ρι- ε--- Βα - σι - λεῦ, ἐ - που - ρά - νι
Ky -------- ri -- e--- Va - si - lef e - pu - ra - ni

9

9

δ αἴ ρων τὴν ἁ μαρ τί αν τοῦ
o ae ron tin a mar ti an tou

κό σμου ε λέ η σον ἡ μᾶς, δ
koz mou e le is son i mas o

αἴ ρων τὰς ἁ μαρ τί ας τοῦ κό σμου.
ae ron tas a mar ti as tou koz mou.

Πρόσ δε ξαι τὴν δέ η σιν ἡ μῶν, δ κα
Б. Proz the kse tin the is sin i mon, o ka

θή με νος ἐκ δε ξι ῶν τοῦ Πα τρός,
Θi me nos ek the ksi on tou Pa tros

10

καὶ ἐ - λέ - η - σον -- ἡ - μᾶς.
ke e - le - is - son i --- - mas.

6. "Ο - τι Σὺ εἶ μό - νος "Α - γι - ος,
O - ti si --- i mo - nos A -- yi - os,
mf

Σὺ εἶ μό - νος Κύ - ρι - ος, 'Ι - η - σοῦς Χρι-
Si --i mo - nos Ky - ri - os I - is - sus Hri-

στός, εἰς δό ------ ξαν θε -οῦ Πα -τρός. 'Α - μήν.
stos, iz tho ----- ksan Θe -ou Pa - tros A - min.
cresc.

7. Καθ' ἐ - κά - στην ἡ - μέ - ραν εὐ - λο - γή - σω
Kaθ e - kas ---- tin i - me - ran ev - lo - yi - so-

11

12

μᾶς.
mas.

9. Εὐ - λο - γη - τὸς εἶ, Κύ - ρι - ε,
   Ev - lo - yi - tos si Ky - ri - e,

ὁ Θε - ὸς τῶν Πα - τέ ----- ρων ἡ - μῶν, καί
o The - os ton Pa - te ----------- ron i -- mon ke

αἱ - νε - τὸν καὶ δε - δο - ξα - σμέ -----νον τό
e --- ne - ton ke the - tho - ksaz- me ------- non to

ὄ - νο - μά ----- Σου εἰς τούς αἰ ῶ - νας, ᾿Α -μήν.
o - no - ma ------- sou is tous e- o -- nas, A - min.

10. Γέ - νοι- το, Κύ - ρι - ε, τὸ ἔ - λε - ός Σου
    Ye --- - ni -- to Ky - ri -e, to e - le - os Sou

13

14

'Ε - γὼ εἶ------πα Κύ - ρι -ε, ἐ - λέ - η -
E - hgo i----------pa Ky - ri - e e - le - i -

σόν -----με, ῗ - α - σαι τὴν ψυ - χήν ---
son --- me, i - - - a - se tin psi - hin

μου, ὅ - τι ἥ ------ μαρ - τόν Σοι.
mou, o - ti i ------ -mat - - ton si.

13. Κύ - ρι - ε, πρὸς Σὲ κα - τέ - φυ - γον δί - δα -
Ky - ri - e, pros se ka - te - phi - hgon thi - tha -

ξόν ------ με τοῦ ποι - εῖν τὸ θέ - λη - μά ---
kson ---------me tou pi - - in to θe - li - - ma ---

15

δ θε - ός, Ἅ ------ γι - ος Ἰ -σχυ - ρός,
o θε - os, A ----- yi - os Is- hi - ros,

Ἅ - γι - ος Ἀ -θά -να -τος, ἐ -λέ -η -σον ἡ - μᾶς.
A - yi - os A - θa-na-tos, e - le -i- son i - mas.

16 Δόξα Πατρί... 18 Ἅ- γι- ος Ἀ - θά - να - τος ε_
17 Καὶ νῦν καὶ ἀεί. A -yi - os A - θa - na - tos e-

λέ - η --- σον ἡ μᾶς.
le - i - son i - mas.

Εἰς Δεσποτικὰς καὶ θεο-
μητορικὰς ἑορτὰς ἀντὶ
τοῦ "Σήμερον Σωτηρία" ψάλ-
λεται τὸ Ἀπολυτίκιον τῆς
ἑορτῆς.

19. Σή - με - ρον σω - τη - ρί --- α τῷ κόσ- μῳ
Si - me - ron so - ti - ri - a to koz - mo

17

γέ‑γο‑νεν. ῎Α‑σω‑μεν τῷ ἀ‑να‑
ye ‑hgo‑ nen A‑ so‑ men to a ‑ na‑

στάν ‑‑ τι ἐυ τά‑‑‑‑‑‑ ςου υαὶ ἀρ‑χη‑γῷ‑‑‑
stan ‑‑ di ek ta ‑ ‑ ‑ fou ke ar‑hi‑ hgo‑‑

τῆς ζω‑‑ ῆς‑‑‑‑‑‑ ἡ‑‑‑‑‑‑ μῶν·‑‑‑ ‑ υα‑ θε‑
tis zo‑‑ is ‑‑ i ‑‑‑ mon ka‑θe‑

λών γὰρ τῷ θα‑ νά‑ τῳ‑‑ τὸν θά‑ να‑ τον‑‑‑
lon hgar to θa‑ na ‑ ‑ ‑ to ton θa‑na‑ ton‑‑‑

τὸ νῑ‑ υος ἔ‑ δω‑ υεν ἡ‑ μῖν
to ni ‑‑‑‑kos e ‑‑ tho ‑ ken i ‑ min

υαὶ τὸ μέ‑ γα ἔ‑ λε‑ ος.‑‑‑
ke to me‑hga e ‑ le‑ os ‑‑‑‑‑‑ ‑‑‑ ‑‑ ‑‑

18

Η ΘΕΙΑ ΛΕΙΤΟΥΡΓΙΑ

Σημ. Τὰ Εἰρηνικὰ ψάλλονται εἰς τὸν τόνον τοῦ "Λα" μὲ ἁπλότητα καὶ ἄνευ πολλῶν στροφῶν διὰ τὸ ἁρμονιώτερον.

20 Διάκονος.
Εὐλόγησον, Δέσποτα.

Ἱερεύς.
Εὐλογημένη ἡ βασιλεία τοῦ Πατρός,

1. Ἀ — μὴν
   A — min

Διάκ.
Ἐν εἰρήνῃ τοῦ Κυρίου δεηθῶμεν.

2. Κύ — ρι — ε — λέ — η — σον
   Ky — ri — e — le — ie — son

Διάκ.
Ὑπὲρ τῆς ἄνωθεν εἰρήνης,

3. Κύ — ρι — ε Ἐ — λέ — η — σον
   Ky — ri — e E — le — is — son

Διάκ.
Ὑπὲρ τῆς εἰρήνης

4. Κύ — ρι — ε Ἐ — λέ — η — σον
   Ky — ri — e E — le — is — son

Ὁ Διάκονος.
Τῆς Παναγίας, ἀχράντου, ὑπερευλογημένης, ἐνδόξου, Δεσποίνης ἡμῶν Θεοτόκου, καὶ ἀειπαρθένου Μαρίας, μετὰ πάντων τῶν Ἁγίων μνημονεύσαντες, ἑαυτοὺς καὶ ἀλλήλους, καὶ πᾶσαν τὴν ζωὴν ἡμῶν, Χριστῷ τῷ Θεῷ παραθώμεθα.

5. Σοὶ Κύ — ρι — ε
   Si Ky — ri — e

Ἱερ.
Ὅτι πρέπει Σοι πᾶσα δόξα,

6. Ἀ — — μὴν
   A — — min

19

37. Κατὰ πάσας τὰς Δεσποτικὰς ἑορτὰς ψάλλονται τὰ Ἀντί-
φωνα αὐτῶν μετὰ τῶν καταλλήλων στίχων ἐν οἱᾳδήποτε ἡμέρᾳ
καὶ ἂν τύχωσιν· ἀλλ' ἂν αἱ Ἀποδόσεις αὐτῶν τύχωσιν ἐν Κυρι-
ακῇ, δεύτερον Ἀντίφωνον ψάλλεται τὸ τῆς ἑορτῆς χαρακτηριστι-
κὸν καὶ οὐχὶ τὸ Ἀναστάσιμον. Ὅταν δὲ τύχῃ Θεομητορικὴ ἑορ-
τὴ ἐν Κυριακῇ ἢ καὶ Ἀπόδοσις αὐτῆς, τὸ δεύτερον Ἀντίφωνόν
ἐστι τὸ Ἀναστάσιμον Σῶσον ἡμᾶς Υἱὲ Θεοῦ ὁ ἀναστὰς ἐκ
νεκρῶν· ἀλλ' ἂν τύχῃ ἐν ἄλλῃ ἡμέρᾳ, τὸ β' Ἀντίφωνόν ἐστι
Σῶσον ὁ ... ἐν Ἁγίοις θαυμαστός, τῇ δὲ ἑορτῇ τῆς Ὑπαπαν-
τῆς Ὁ ἐν ἀγκάλαις τοῦ δικαίου Συμεὼν βασταχθεὶς, καὶ
τῇ τοῦ Εὐαγγελισμοῦ, Ὁ δι' ἡμᾶς σαρκωθείς.

ΠΕΡΙ ΤΩΝ ΑΝΤΙΦΩΝΩΝ

α. Ὕψωσις τοῦ Σταυροῦ
β. Εὐαγγελισμοῦ

23

στάς - ἐκ νε- κρῶν ψάλ- λον-τάς Σοι Ἀλ-λη - λού- ι - α.
stas ek nek-ron psal-lon- das si Al-li- lu- i - a.

Δόξα Πατρὶ καὶ Υἱῷ καὶ Καὶ νῦν καὶ ἀεὶ
ἁγίῳ Πνεύματι, καὶ εἰς τούς αἰῶνας τῶν αἰ- ώ - νων, Ἀ- μὴν.

Ὁ μο-νο-γε - νὴς Υἱ - ὸς καὶ Λό - γος τοῦ Θε-
O Mo- no- ye - nis I - os ke Lo -- hgos tou Θe-

οὔ ἀ- θά - να - τος ὑ- πάρ - χων καὶ κα - τα - δε-
ou a- Θa- na-tos i- par - hon ke ka - ta - the-

ξά- με - νος δι- ὰ τὴν ἡ - - με- τέ - ραν σω- τη-
ksa- me - nos thi - a tin i - -me- te- ran so -ti-

25.

ρί - αν, σαρ- κω -θῆ - ναι ἐκ τῆς ἁ - γί - ας θε-ο- το-
ri - an sar -ko- θi - ne ek tis a - yi -as θe -o- to-

ρο - - - - κου καὶ ἀ - ει -παρ- θέ - νου Μα - ρί - - - - ας ἁ-
o - - - - - - kou ke a - i -par- θe - nu Ma - ri - - - as a-

κρέ - πτως ἐ - ναν - θρω - πη - - σας σταυ- ρω-
tre - - - - ptos e - nan θro - - pi - - - sas stav -ro-

θεὶς τε Χρι - στὲ - ὁ θε _ ὁς θα- νά - τῳ θά - να-
θis te Hri - ste o θe - - os θa - na - to- θa-na

τον πα - τή - σας Εἰς Ὃν τῆς ἁ - γί - ας Τρι-
ton pa - ti — sas Is On tis a - yi - - as Tri-

ἁ - - δος -συν -δο- ξα- ζο - -με - νος τῷ Πα - τρὶ καὶ
a - - - - thos sin - tho O- ksa- zo - - me - nos to Pa - tri ke

τῷ ἁ - γί - ῳ πνεύ-μα- τι σῶ - σον ἡ - - μᾶς.
to a - yi- o pnev - ma- ti so - - - son i - - mas.

For good music readers only, rather difficult

ημ. Τὰ Εἰρηνικὰ ψάλλονται εἰς τὸν τόνον τοῦ "Λα" μὲ ἁπλότητα καὶ ἄνευ πολλῶν στροφῶν διὰ τὸ ἁρμονιώτερον.

27

For good music readers only ; rather difficult

Ἀναγν. Ἀγαθὸν τὸ ἐξομολογεῖσθαι τῷ Κυρίῳ, καὶ ψάλλειν τῷ Ὀνόματί Σου, Ὕψιστε.

Ἀναγν. Τοῦ ἀναγγέλλειν τὸ πρωΐ τὸ ἔλεός Σου, καὶ τὴν ἀλήθειάν Σου κατὰ νύκτα.

Ἀναγν. Ὅτι εὐθὺς Κύριος ὁ Θεός ἡμῶν καὶ οὐκ ἔστιν ἀδικία ἐν αὐτῷ.

31 Ταῖς πρε-σβεί-αις τῆς Θε-ο-τό-κου,
Tes prez-vi-es tis θe-o-to-koo,

Σώ-τερ, σῶ-σον ἡ---μᾶς.
so-ter so---son i-mas.

Ταῖς πρε-σβεί-αις τῆς Θε-ο-τό-κου, Σώ-τερ
tes pres-vi-es tis θe-o-to---koo So-ter

σῶ-σον ἡ-μᾶς.
so-son i-mas---------

38

Άναγν. Ὁ Κύριος ἐβασίλευσεν, εὐπρέπειαν ἐνεδύσατο ὁ Κύριος δύναμιν καὶ περιεζώσατο.

Άναγν. Καὶ γὰρ ἐστερέωσε τὴν οἰκουμένην, ἥτις οὐ σαλευθήσεται

Άναγν. Τῷ Οἴκῳ Σου πρέπει ἁγίασμα, Κύριε, εἰς μακρότητα ἡμερῶν.

32

Σῶ - σον ἡ - μᾶς, Υἱ - ε Θε - οῦ, ὁ ἀ - να -
So - son i - mas i - e Θe - oo o a - na -

στὰς ἐκ νε - κρῶν, ψάλ - λον - τάς Σοι, ἀλ - λη - λού - ϊ - α.
stas ek ne - kron psa-lon-das si al - li - loo - i - a.

NOTE: For BASS play the lowest note of the chord an octave lower.

Δό - ξα Πα - τρί, καὶ Υἱ - ῷ, καὶ Ἁ - γί - ῳ
Tho - ksa pa -tri ke i - o ke a - yi - o

Πνεύ - μα - τι. Καὶ νῦν, καὶ ἀ - εί, καὶ εἰς
pneu- ma - ti ke nin ke a - i ke is

τοὺς αἰ - ῶ - νας τῶν αἰ - ώ - νων. Ἀ - μήν.
toos e - o - nas ton e - o - non A - min.

Ὁ μο - νο - γε - νὴς Υἱ - ὸς καὶ Λό - γος τοῦ Θε -
O mo - no - ye - nis I - os ke Lo - gos too Θe -

29

ρί - ας, ἀ - τρέ - πτως ἐν αν - θρω -
ri - as --- a-tre ---ptos en an -thro-

πή - σας, σταυ - ρω - θείς τε, Χρι -
pi - sas ------ stav-ro --θis te Hri-

στέ, ὁ Θε - ος, Θα - νά - τω θα - να - τον πα - τή -
ste O θe - os θa -na - to θa - na - ton pa-ti-

σας, εἷς ὢν τῆς Ἁ - γί - ας Τρι - ά - δος,
sas is on tis a - yi - as Tri-a - thos

συν - δο - ξα - ζό - με - νος τῷ Πα - τρί,
sin-tho - ksa - zo - - me - nos to Pa-tri

31

και τῷ Ἁ - γί - ῳ πνεύ - μα - τι, σῶ - σον ἡ -

ke to A— yi —o pnev -ma - - - ti so - son i-

μᾶς

mas

Τὰ Ἀπολυτίκια θεωρούμενα ἡ καθαρωτέρα ἀπόδειξις τῶν
ὀκτὼ ἤχων τῆς Ἐκκλησιαστικῆς Βυζαντινῆς Μουσικῆς εἶ-
νε προτιμητέα εἰς μονόφωνον ψαλμῳδίαν τῆς ὅλης χορῳ-
δίας καὶ τῇ συνοδίᾳ τοῦ Ἐκκλησιαστικοῦ ὀργάνου.
Ἐν τούτοις ἡ πολυφωνικὴ τετράφωνος ἐναρμόνησις προ-
τιμᾶται εἰς Κοινότητας μὲ μισθωτοὺς ἐξ ἐπαγγέλματος
χορῳδούς.

33 Too li-θοο sfra-yi-sθen- dos i-po ton I-οο-
the - - - on ke stra-ti- o- ton fi-Ia-son-
don to a-hran-don soo so- - ma a-ne-
stis tri-i-me-ros So-tir tho-roo-me-nos to

33

36

37

στό — λοις — καυ . χώ — με - ναι 'έ . λε γον· 'Ε.
sto - - lis - - kaf - - ho - me - ne e - le -gon .E-

σύ - λευ - ται ὁ θά - να - τος, ἠ - γέρ — θη Χρι-
ski - lef -te o θa - na - tos i - yer - - θi Hri-

στός — ὁ Θε - ός, δω . ροῦ . με - νος τῷ
stos - - o θe - - -os - - - tho - - roo- me - nos to

κο . σμῳ τὸ μέ . γα έ - λε - ος.
koz - - mo to me -ga e - - -le - - - os.

Ἦρος Πλάγιος α!

37 Τόν συ - νάν — αρ - χον Λό — γον Πα . τρὶ καὶ
Ton si - na - - nar- hon Lo - - - gon Pa -tri ke

40

Πνεύ-μα-τι, τὸν ἐμ Παρ-θέ——νου τε——χθέν——

Pnevma-ti ton ek Par-θe - - -noo te - hθe - - - -

τα εἰς σω-τη-ρί——αν ἡ-μῶν, ἀ-νυ-μνή-

da is so - ti -ri - - - an i- mon a -nim- ni-

-σω—μεν, πι— στοί,— ϰαὶ προσ-ϰυ-νή-σω-μεν· ὅ·

so - men pi- sti ke pro-ski- ni - so- men. O-

τι πὺ-δό-ϰη-σε σαρ-ϰί, ἀ-νελ-θεῖν ἐν τῷ Σταυ-

ti iv-tho-ki-se sar- ki a - nel-θin en do stav-

ρῷ ϰαὶ θά——να-τον ὑ-πο——μεῖ——

ro ke θa - - - na - ton i - -po - mi - - - - -

να; και ἐ - γεῖ - ραι τοὺς τε - θνε - ῶ
ne, ke e - yi - - re toos te θne - o - - -

τας, ἐν τῇ ἐν - δό - ξῳ Ἀ - να - στά - σει αὐ - τοῦ.
tas, en di en - tho-kso A - na-sta - si af - too.

³Ἦχος Πλάγιος Θ!

38 Ἀγ - γε - λι - - και Δυ - νά - μεις ἐ -
An- ge-li- - ke Thi - na - - mis e -

πὶ τὸ μνῆ - μά Σου, και οἱ φυ - λάσ - σον - τες
pi to mni- ma soo ke i fi - la - son -des

ἀ - πε - νε - κρώ - θη - σαν. και ἵ - στα - το Μα -
a - pe - ne - kro- θi - san ke i - sta - to Ma-

42

43

ήν. Ὁ ἀ - να - στὰς 'εκ τῶν νε - κρῶν,
in o a - na - - stas ek ton ne - - kron,

Κύ — ρι ε, δό — ξα — Σοι.
Ky - - - ri - e tho - - - ksa - - - - Si - - - -

Ἦχος Βαρύς:

39 Κα - τέ - λυ - σας τῷ Σταυ - ρῷ Σου τὸν θά - να - τον —
Ka - te - - li - sas to Stav - ro Soo ton θa - na - ton,

— ἠ - νέ - ῳ - ξας τῷ Λῃ - στῇ — τὸν Πα.
- i - ne - - - - o - ksas to li - sti - - - ton Pa-

ρά - δει - σον· — τῶν Μυ - ρο - φό — ρων τὸν θρῆ — νον με-
ra - thi - son — ton Mi - ro - fo - - ron ton θri - non me-

44

τέ - βα - λες·   καὶ τοῖς   Σοῖς   Ἀ - πο -
te - va - les   ke tis   Sis - A - po -

στό ——— λοις   un - ρύτ ——   τειν   ἐ - πέ - τα - ξας·
sto ———— lis   ki - ri ——— tin   e —— pe - ta - ksas.

ὅ - τι   ἀ - νέ —   στης,   Χρι - στὲ —   ὁ   Θε - ός,   πα.
o - ti   a -   ne - - - stis   Hri - ste   o   Θe - os   pa-

ρέ - χων   τῷ   κό - σμῳ   τὸ   μέ - γα   ἔ ——— λε —— ος.
re - hon   to   koz - mo   to   me - ga   e - - - le - - os.

Ἦχος Πλάγιος δ!

40   Ἐξ   ὕ - ψους   κα - τῆλ - θες,   ὁ ———   εὐ
Eks   ip - soos   ka - - til - θes   o -   efς - -

45

KONTAKION

41 Προ-στα- σί-α   τῶν Χρι- στι- α- νῶν ἀ- κα- ται - - σχυν-
Pro -stas- si - a   ton Hri- sti- a - non a- ka- tes- - - hin-

ται με-σι- τεί-α πρὸς τὸν ποι-η-τὴν ἀ-με- τά- - - θε-τε
de me-si- ti-a pros ton pi -i- tin a-me- ta- - - Θe- te

μὴ πα- ρί-δης ἁ - μαρ-τω- λῶν δε- ή-σε- αν φω-νάς
mi pa- ri -this a - mar-to- lon the- i- se- on pho-nas

ἀλ-λὰ πρό- φθα- σον ὡς ἀ -γα-θή εἰς τὴν βο-ή-θει-
al- la prof- Θas- son os a -hga-Θi is tin vo- i-)Θi-

αν ἡ- μῶν τῶν πι- στῶς κραυ-γα- ζόν- - των σοι.
an i- mon ton bi- stos krav- hga- zon- - -don si

57

Τά- χυ- νον εἰς πρε -σβεί- αν καὶ σπεῦ- σον εἰς ἱ- κε-
Ta - hi - - non is prez- vi ——— an ke spef- son is i - ke-

σί - - αν ἡ προ- στα- τεύ- ου - σα ἀ - εἰ θε- ο-
si - - - an i pro- sta- tev ou - sa a - i θe- o-

τό- κε τῶν τι - μών - - των Σε - - - - - - - - - - - -
to -ke ton di - món - - don Se - - - - - - - - - - - -

ΚΟΝΤΑΚΙΟΝ ΠΑΣΧΑ.

42 Εἰ καὶ εν τά - φω κα- τῆλ - θες ἁ - θά - να - - τε
     I   ke en da -pho ka- til — θes a - θa - na - - - te

ἀλ - λα τοῦ Ἄ- δου κα- θῆ - λες τῆν δύ - να - - μιν
al - - la tou A - thou ka- θi - les tin thi -na - - - min

43

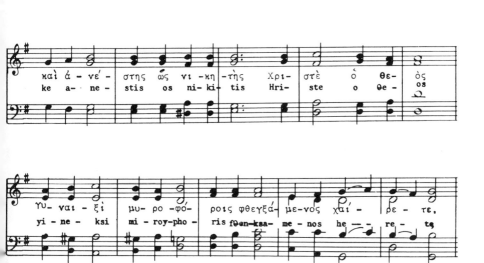

και ά - νε' - στης ως νι - κη - τής Χρι - στε ό θε- ός
ke a - ne - stis os ni- ki- tis Hri- ste o Θe - os

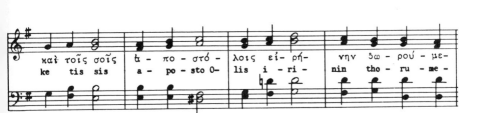

γυ - ναι - ξι μυ - ρο -φό- ροις φθεγξά- με -νος χαι - ρε - τε,
yi - ne - ksi mi - roy -pho - ris feen-ksa- me - nos he - - re - te

και τοῖς σοῖς ά - πο - στό- λοις εἰ- ρή- νην 5ω - ρού - με-
ke tis sis a - po - sto O- lis i - ri - nin tho - ru - me -

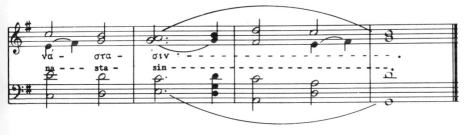

νος ό τοῖς πε- σοῦ - σι πα- ρε' - - χων ά-
nos o tis pe- su - - - si pa- re - - hon a-

νά' - στα - σιν .
na - - - sta - sin - - - - - - - - - - - - -

49

'Ο Διάκονος. Τοῦ Κυρίου δεηθῶμεν. 'Ο Χορός. Κύριε ἐλέησον. 'Ο Ἱερεύς. Ὅτι ἅγιος εἶ ὁ Θεὸς ἡμῶν, ...

'Άγιος Ἀθάνατος ἐλέησον ἡμᾶς. ΔΥΝΑΜΙΣ. 'Άγιος ὁ θεός ... 'Ο Ἱερεύς.

'Ο Διάκονος. Πρόσχωμεν. 'Ο Ἀναγνώστης. (Ἀναγινώσκει τὸν Ἀπόστολον τῆς ἡμέρας). Εἰρήνη σοι

Καὶ ἐ - πά - κου - - σον ἡ - - μῶν. - - - - - - - - - - - - - .

Διάκονος. Φήμην Σεβασμιωτάτου Ἀρχιεπισκόπου
Ἱερεῖς (ἐπαναλαμβάνουν τὴν Φήμην)
Διάκονος. Φήμην Συλλειτουργοῦντος Ἐπισκόπου
Ἱερεῖς (ἐπαναλαμβάνουν τὴν Φήμην)
ΧΟΡΟΣ. (ἐπαναλαμβάνει)

ΦΗΜΗ ΣΕΒΑΣΜΙΩΤΑΤΟΥ ΑΡΧΙΕΠΙΣΚΟΠΟΥ ΒΟΡΕΙΟΥ ΚΑΙ ΝΟΤΙΟΥ ΑΜΕΡΙΚΗΣ

47
Μι - χα - ὴλ - - τοῦ Σε - βασ - μι - ω - τά - του καὶ - θε -
Mi - ha - il - - too Se - vaz - mi - o - ta - too ke - Oe -

ο - προ - βλή - του Ἀρ - χι - ε - πι - σκό - - - που τῆς - ἁ - γι - ω -
o - pro - vli - too Ar - hi - e - pi - sko - - - poo tis - a - yi - o -

τά - της Ἀρ - χι - ε - πι - σκο - πῆς - Ἀ - με - ρι - κῆς Βο -
ta - tis Ar - hi - e - pi - sko - pis - A - me - ri - kis Vo -

ρεί - ου καὶ Νο - τί - - - - - ου Ὑ - περ - τί - μου καὶ Ἐ - ξάρ - χου
ri - oo ke No - ti - - - - - oo I - per - ti - mu ke E - ksar - hu

Ω - κε α - νῶν Ἀ - τλαν - τι - κοῦ τε καὶ Εἰ - ρη - νι - κοῦ ἡ -
- ke - a - non a - tlan - ti - ku te ke - ri - ni - ku i -

μῶν δὲ πα - τρός καὶ ποι - με - νάρ - - χου πολ - λὰ τὰ ἔ - - - τη.
mon the Pa - tros ke pi - me - nar - - hu po - la ta e - - - ti.

Ἀπόστολος Εὐαγγέλιον. "Ἀλληλούϊα" "Δόξα Σοι" ἴδε σελίδα 56

52

'Ο Διάκονος.

Τοῦ Κυρίου δεηθῶμεν.

'Ο Χορός.

Κύριε ἐλέησον.

'Ο 'Ιερεύς. Ὅτι ἅγιος εἶ ὁ Θεὸς ἡμῶν, καὶ σοὶ τὴν δόξαν ἀναπέμπομεν, τῷ Πατρί, καὶ τῷ Υἱῷ, καὶ τῷ 'Αγίῳ Πνεύματι, νῦν, καὶ ἀεί,

'Ο Διάκονος.

Καὶ εἰς τοὺς αἰῶνας τῶν αἰώνων.

Δόξα Πατρί, καὶ Υἱῷ καὶ ἁγίῳ Πνεύματι, καὶ νῦν, καὶ ἀεί, καὶ εἰς τοὺς αἰῶνας τῶν αἰώνων. 'Αμήν.

50

'Α - μὴν 'Ά - γι - ος ὁ θε - ός "Ά - γι - ος ἰ - σχυ - ρός
A - min A - yi - os o The - os A - yi - os is-hi - ros

"Ά - γι - ος Ἀ - θά - να - τος ἐ - λέ - η - σον ἠ - μᾶς.
A-yi - os A - Tha - na - tos e-le-i - son i - mas.

Δόξα Πατρὶ καὶ Υἱῷ καὶ Ἁγίῳ πνεύματι, Καὶ νῦν καὶ ἀεὶ καὶ εἰς τοὺς αἰώνας τῶν αἰώνων, Ἀμήν. "Ἅγιος Ἀθάνατος
κ.τ.λ.

ΔΥΝΑΜΙΣ

"Ά _ γι - ος ὁ θε - ός, "Ά - γι - ος ἰ - σχυ - ρός
A -yi - os o The - os A - yi - os is - hi - ros

"Ά - γι - ος Ἀ - θά - να - τος ἐ - λέ - η - σον ἠ - μᾶς.
A - yi - os A - Tha - na - tos e - le-is - son i - mas.

Ὁ Διάκονος. Μετὰ τὴν κλήρωσιν τοῦ Τρισαγίου (μεγαλοφώνως). Π ρ ό σ χ ω μ ε ν.

Ὁ Ἀναγνώστης. (Ἀναγνώσει τὴν Ἀπόστολον τῆς ἡμέρας). **Ὁ Ἱερεύς.** Εἰρήνη σοι

Ὁ Διάκονος. Ἀναγνώσει τὸ Εὐαγγέλιον

"Ο -σοι εἰς Χρι-στὸν ἐ - βα - πτί - σθη - τε Χρι - στὸν - ἐ-νε-
Os-si is Hri - ston e - va - ptis - Thi — te Hris - ton e-ne-

δύ-σα-σθε - Ἀλ - λη - λού - ϊ - ι - α.
thi-sas-The Al - li-lou - i - - - - a.

Ἐν ταῖς Δεσποτικαῖς εορταῖς ἤτοι Χριστουγεννων, θεοφανειαν, Λαζαρου, Μ. Σαββατω, Πασχα, Διακαινησιμω Εβδομαδι, αποδοσει του Πασχα, Κυριακης της Πεντηκοστης Δευτερα του Αγιου Πνευματος αντι του "Αγιος ο θεος" ψαλλεται το "Οσοι εις Χριστον"....

Δόξα Πατρί. Καὶ νῦν. Χριστὸν ἀνεδύσασθε.

ΔΥΝΑΜΙΣ O - σοι εἰς χρι - στὸν

55

Ἀντὶ τοῦ Τρισαγίου.

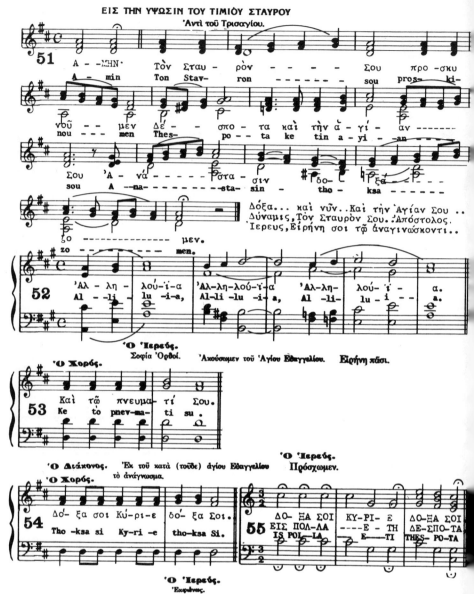

Δόξα... καὶ νῦν..Καὶ τὴν Ἁγίαν Σου ..
Δύναμις, Τὸν Σταυρὸν Σου. Ἀπόστολος.
Ἱερευς, Εἰρήνη σοι τῷ ἀναγινώσκοντι..

Ὁ Ἱερεύς.
Σοφία Ὀρθοί.   Ἀκούσωμεν τοῦ Ἁγίου Εὐαγγελίου.   Εἰρήνη πᾶσι.

Ὁ Χορός.

Ὁ Διάκονος.   Ἐκ τοῦ κατὰ (τοῦδε) ἁγίου Εὐαγγελίου   Ὁ Ἱερεύς.
τὸ ἀνάγνωσμα   Πρόσχωμεν.
Ὁ Χορός.

Ὁ Ἱερεύς.
Ἐκφώνως.
Ὅπως ὑπὸ τοῦ κράτους σου πάντοτε φυ-
λαττόμενοι σοὶ δόξαν ἀναπέμπομεν τῷ Πατρὶ
καὶ τῷ Υἱῷ καὶ τῷ Ἁγίῳ Πνεύματι, νῦν, καὶ
ἀεί, καὶ εἰς τοὺς αἰῶνας τῶν αἰώνων.

ΧΕΡΟΥΒΙΚΑ

CHERUBIC
HYMNS

arr. Christos Vrionides
Melody John Sakellarides   CHERUBIC HYMN   MODE THIRD

57

53

ὅ— λων— ὑ - πο - δε - ξο - με - νοι,
o — — lon — — i — po -the - kso - me - ni,

Πάντων ἡμῶν μνησθείη Κύριος ὁ Θεὸς
'Ο Διάκονος. ἐν τῇ Βασιλείᾳ αὐτοῦ πάντοτε, νῦν, καὶ ἀεί,
καὶ εἰς τοὺς αἰῶνας τῶν αἰώνων.

'Ο Χορός.
'Αμήν.

Τὸν Βα - σι - λέ - α τῶν ὅ - λων— ὑ - πο - δε-
Ton Vasi - le - a ton o — lon — i - po -the-

ξά - με - νοι, ταῖς ἀγ - γε - λι -
ksa - me - ni, tes an — ge — li —

μαῖς ἀ - ο - ρα— τως δο - ρυ - φο - ρου— με - νον -
kes a - o - ra — tos tho-ri -pho-ru - me - non -

τα - ξε - σιν. 'Αλ - λη - λού - ϊ - α.
ta - kse — sin. Al -li - lou - i - a.

Μελφδία, Ιωάννου Σακελλαρίδου
Διασκευή, Χ. Βρυωνίδου.   ΧΕΡΟΥΒΙΚΟΣ ΥΜΝΟΣ.   ΗΧΟΣ ΠΛΑΓΙΟΣ ΔΕΥΤΕΡΟΣ

61

63

ΧΕΡΟΥΒΙΚΟΣ ΥΜΝΟΣ βραβευθείς εἰς διαγωνισμόν τοῦ
Σύνθεσις Χ. Βρυωνίδου. THE TRI-STATE FEDERATION OF CHURCH CHOIRS.

64

"Έργον Ἰωάννου Σακελλαρίδου. ΧΕΡΟΥΒΙΚΟΣ ΥΜΝΟΣ   ΗΧΟΣ ΠΛΑΓΙΟΣ ΠΡΩΤΟΣ
Διασκευή   M.A.Schimmerling

'Ο Διάκονος.   Ἀγαπήσωμεν ἀλλήλους, ἵνα ἐν ὁμονοίᾳ ὁμολογήσωμεν.

62 Πα - τέ - - - ρα, Υἱ - όν, καὶ
Pa - te - - - ra I - - - on - - - ke

Ἅ - - γι - ον Πνεῦ - - μα, Τρι - ά - δα ὁ - μο -
A, - - yi - on Pnev - ma Tri - a - tha o - mo -

οὐ - - - - - σι - ον καὶ ἀ - χώ - ρι - στον.
ou - - - - - si - on ke a - ho - ri - ston.

'Ο Διάκονος.

Τὰς θύρας, τὰς θύρας ἐν σοφίᾳ πρόσχωμεν.

Ὁ λαὸς ἀπαγγέλλει τὸ σύμβολον τῆς πίστεως.

63 ΤΟ ΣΥΜΒΟΛΟΝ ΤΗΣ ΠΙΣΤΕΩΣ

1) Πιστεύω εἰς ἕνα Θεόν, Πατέρα παντοκράτορα, ποιητὴν οὐρανοῦ καὶ γῆς, ὁρατῶν τε πάντων καὶ ἀοράτων.

2) Καὶ εἰς ἕνα Κύριον Ἰησοῦν Χριστόν, τὸν Υἱὸν τοῦ Θεοῦ, τὸν μονογενῆ, τὸν ἐκ τοῦ πατρὸς γεννηθέντα πρὸ πάντων τῶν αἰώνων· φῶς ἐκ φωτός, Θεὸν ἀληθινὸν ἐκ Θεοῦ ἀληθινοῦ, γεννηθέντα, οὐ ποιηθέντα, ὁμοούσιον τῷ Πατρί· δι' οὗ τὰ πάντα ἐγένετο.

3) Τὸν δι' ἡμᾶς τοὺς ἀνθρώπους, καὶ διὰ τὴν ἡμετέραν σωτηρίαν κατελθόντα ἐκ τῶν οὐρανῶν, καὶ σαρκωθέντα ἐκ Πνεύματος Ἁγίου, καὶ Μαρίας τῆς Παρθένου, καὶ ἐνανθρωπήσαντα.

4) Σταυρωθέντα τε ὑπὲρ ἡμῶν ἐπὶ Ποντίου Πιλάτου, καὶ παθόντα, καὶ ταφέντα.

5) Καὶ ἀναστάντα τῇ τρίτῃ ἡμέρᾳ κατὰ τὰς Γραφάς.

6) Καὶ ἀνελθόντα εἰς τοὺς οὐρανούς, καὶ καθεζόμενον ἐκ δεξιῶν τοῦ Πατρός.

7) Καὶ πάλιν ἐρχόμενον μετὰ δόξης, κρῖναι ζῶντας καὶ νεκρούς, οὗ τῆς βασιλείας οὐκ ἔσται τέλος.

8) Καὶ εἰς τὸ Πνεῦμα τὸ Ἅγιον, τὸ Κύριον, τὸ Ζωοποιόν, τὸ ἐκ τοῦ Πατρὸς ἐκπορευόμενον, τὸ σὺν Πατρὶ καὶ Υἱῷ συμπροσκυνούμενον, καὶ συνδοξαζόμενον, τὸ λαλῆσαν διὰ τῶν προφητῶν.

9) Εἰς Μίαν Ἁγίαν, Καθολικήν, καὶ Ἀποστολικὴν Ἐκκλησίαν.

10) Ὁμολογῶ ἕν Βάπτισμα εἰς ἄφεσιν ἁμαρτιῶν.

11) Προσδοκῶ ἀνάστασιν νεκρῶν.

12) Καὶ ζωὴν τοῦ μέλλοντος αἰῶνος. Ἀμήν.

'Ο Διάκονος.

Στῶμεν καλῶς· στῶμεν μετὰ φόβου· πρόσχωμεν τὴν ἁγίαν ἀναφορὰν ἐν εἰρήνῃ προσφέρειν.

72

64 ᾿Έ - λαιον εἰ - ρή - νης, θυ - σί - αν αἰ - νέ - σε - ως.

E -le-on i -ri - nia θi-si --- an e -ne - se - os

Ο Ἱερεύς.
Ἡ Χάρις τοῦ Κυρίου ἡμῶν

Καὶ με - τὰ τοῦ Πνεύ - μα - τός Σου.

Ke me-ta tou Pnev - ma - tos --- sou.

Ὁ Ἱερεύς.
᾿Άνω σχῶμεν τὰς καρδίας.

᾿Έ - χο - μεν πρὸς τὸν Κύ - ρι - ον.

E -- ho - men pros ton Ky --- ri - on.

Ὁ Ἱερεύς.
Εὐχαριστήσωμεν τῷ Κυρίῳ.

Σημείωσις. Πρέπει νὰ ψαλλῇ ἀργὰ διὰ νὰ δοθῇ καιρὸς νὰ ἀναγνωσθῇ παρὰ τοῦ Ἱερέως ἡ μακρὰ ευχή.

65 ᾿Ά - ξι - ον καὶ δί - και - ον

A ---- ksi - on ke - thi -- ke - on.

Ὁ Ἱερεύς.

Τὸν ἐπινίκιον ὕμνον.......

74

O - - san - - na o en dis i - psi - - - stis,

'Ο 'Ιερεύς.

(Έκφώνως)

Λάβετε, φάγετε, τοῦτό ἐστι τὸ Σῶμά μου,
τὸ ὑπὲρ ὑμῶν κλώμενον, εἰς ἄφεσιν ἁμαρτιῶν.

67 A - min

68 A - - - - - min.

'Ο 'Ιερεύς.

Πίετε ἐξ αὐτοῦ πάντες, τοῦτό ἐστι τὸ Αἷ-
μά μου τὸ τῆς καινῆς Διαθήκης, τὸ ὑπὲρ ὑμῶν
καὶ πολλῶν ἐκχυνόμενον, εἰς ἄφεσιν ἁμαρ-
τιῶν.

'Ο 'Ιερεύς.

Τὰ σὰ ἐκ τῶν σῶν, σοὶ προσφέρομεν κατὰ
πάντα, καὶ διὰ πάντα.

69 Se im- nou - - men, Se ev -lo - hgou - - men,

Si ef-ha - ri - stou - men - Ky - ri - e,

75

'Ο Ἱερεύς. ('Εκφώνως)

'Εξαιρέτως τῆς Παναγίας, ἀχράντου, ὑπερ-
ευλογημένης, ἐνδόξου, Δεσποίνης ἡμῶν Θεο-
τόκου καὶ ἀειπαρθένου Μαρίας.

MAGNIFICAT

76

88

81

Σὲ ὑ-μνοῦ-μεν, Σὲ εὐ-λο-
Se im-noo-men, Se ev-lo-

γοῦ-μεν, Σοὶ εὐ-χα-ρι-στοῦ-μεν Κύ-ρι-ε,
goo p-men, Si ef-ha-ri-stoo-men Ky-ri-e

καὶ δε-ό-με-θά-σου ὁ θε-ὸς ἡ-μῶν.
ke the-o-me-θa-soo o θe-os i-mon.

Ὁμόφωνον. ΑΞΙΟΝ ΕΣΤΙΝ (τὸ σύντομον)

82 Ἄ-ξι-ον ἐ-στὶν ὡς ἀ-λη-θῶς μα-κα-ρί-ζειν Σὲ τὴν
A-ksi-on e-stin os a-li-θos ma-ka-ri-zin Se tin

θε-ο-τό-κον τὴν ἀ-ει-μα-κά-ρι-στον καὶ
θe-o-to-kon tin a-i-ma-ka-ri-ston ke

πα-να-μώ-μη-τον καὶ μη-τέ-ρα τοῦ θε-οῦ ἡ-μῶν.
pa-na-mo-mi-ton ke mi-te-ra too θe-oo i-mon.

Τὴν τι-μι-ω-τέ-ραν τῶν Χε-ρου-βὶμ καὶ ἐν-δο-ξο-τέ-ραν
Tin ti-mi-O-te-ran ton He-roo-vim ke en-thokso-te-ran

ἀ-συγ-κρί-τως τῶν Σε-ρα-φὶμ τὴν ἀ-δι-α-
a-sin-gri-tos ton Se-ra-fim tin a-thi-af

93

φθό- -ρως θε- ὸν Λό- γον τε- κοῦ- -σαν τὴν ὄν-τως θε-ο-
θο- ros Θε-on Lo- gon te- koo- -san tin on-dos θe-o-

τό- -κον Σὲ με- γα- λύ- -νο- -μεν
to- -kon Se me- ga- li- -no- -men.

83 Ἄ -ξι- ον ἐ- στίν- ὡς ἀ- λη- θῶς μα-κα-ρί-
A -ksi-on e- stin os a- li- θos ma-ka-ri-

ζειν Σὲ τὴν- -θε- ο- τό- -κον.
zin se tin θε- o- to- kon.

τὴν ἀ -ει-μα- κά- ρι- στον καὶ πα-να- μώ- μη- τον καὶ Μη-
tin a -i-ma- ka- ri- ston ke pa-na- mo- mi- ton ke mi-

τέ- -ρα τοῦ- θε- οῦ ἡ- μῶν.
te- -ra too θe- oo i- mon.

84

ΠΑΤΕΡΑ ΥΙΟΝ   Minore

86

Σύνθεσις Χ. Βρυωνίδου βραβευθείσα εἰς διαγωνισμὸν τοῦ

37

μεν, Σοὶ εὐ-χα-ρι-στοῦ-μεν Κύ-ρι — ε Καὶ δε-ό-με
men, Si ef-ha-ri-stoo-men Ky-ri — e ke the-o — me

θά — Σου καὶ δε-ό-με- θά —
tha — Soo Ke the-o me- tha

Σου ο θε — ο -ὸς ἡ — μῶν.
Soo o the — o -os i — mon.

Σύνθεσις Σακελλαρίδη
Εἰς τὴν Λειτουργίαν τοῦ Μεγάλου Βασιλείου. Διασκευὴ Βρυωνίδη

93 Ἐ-πὶ Σοὶ χαί-ρει κε-χα-ρι-τω-μέ-νη πᾶ-σα ἡ
E - pi Si he-ri ke-ha-ri-to-me-ni pa-sa i-

-γέ-λων τε σύ-στη-μα καὶ ἄν-
kti-sis — an-ge-lon to si-sti-ma ke an-

πων τὸ γέ-νος ἡ-γι-α-σμέ-νε να-ὲ καὶ πα-
-o- pon το ye-nos i -yi-az-me-ne na-e ke pa-

οά-δει-σε λο-γι-κὲ παρ-θε-νι-κὸν-καύ-χη-μα ἐξ
ra — -thi-se lo-yi-ke par-the-ni-kon-kaf-hi-ma, eks

ἧς θε- έ-σαρ-κω-θη καὶ παι-δι-ον
is the — os e - sar-ko-thi ke pe - thi -on

88

89

Εἰς Λειτουργίαν τοῦ Μεγάλου Βασιλείου

Μελωδία Ι.Σακελλαρίδη
Διασκευή Χ.Βρυωνίδη

94 Ἐ - πὶ Σοὶ χαί-ρει κε-χα- ρι -τω- μέ - νη πᾶ- σα ἡ κτί- σις ἀγ-
E - pi Si he -ri ke- ha-ri - to -me - ni pa - sa i kti -sis an-

γέ - λων τὸ σύ- στη-μα καὶ ἀν-θρώ - πων τὸ γέ - νος ἡ -γι -α-
ge - lon to sis-ti - ma ke an- Oro - pon to ye - nos i- yi -az-

σμέ - νε να-ὲ καὶ πα-ρά - - δει - σε λο - γι- κέ - ταρθε -νι
me - ne na-e ke pa-ra - - - thi- se lo -yi- ke - par- Oe-ni-

κὸν - καύ -χη - μα ἐξ ἧς θε -ὸς - - ἐ - σαρ-κώ- θη καὶ παι-
kon - kaf -hi - ma eks is Oe -os - - e - sar-ko -Oi ke pe-

δί- ον γέ - γο- νεν ὁ προ -αι- ώ - νων ὑ- παρ -χων θε- ὸς ἡ-μῶν.
thi-on ye - go -nen o pro -e - o - non i -par- hon Oe -os i-mon.

Τὴν γὰρ Σὴν - - - - - μή - - - - - τραν θρό-
Tin gar Sin - - - - - mi - - - - - - tran Oro -

Ἐν πρώτοις μνήσθητι, Κύριε, τοῦ Ἀρχιεπισκόπου ἡμῶν... Καὶ ὧν ἕκαστος...

95 Καὶ πάν - των καὶ πα - - - σῶν. Καὶ δὸς ἡμῖν.....
Ke pan - don ke pa - Ά - - son μήν. Καὶ ἕσται τὰ ἐλέη......

96 Καὶ με - τα του Πνευ - μα - - - τος - - - - Σου.
Ke me - ta too Pnev - ma - - - tos - - - - Soo.

ΙΕΡΕΥΣ Πάντων τῶν ἀγίων μνημονεύσαντες ......

97
1. Κύ - ρι - ε ἐ λέ - η - σον. Κύ - ρι - ε ἐ λέ - η - σον - - -
Πα - ράσ-χου Κύ - ρι - ε 2. Πα - ράσχου Κύ - ρι - ε - -

3. Κύ - ρι - ε Ἐ - λέ - η - σον 4. Κύ - ρι - ε Ἐ - λε - η - σον
Πα - ρά-σχου Κύ-ρι- ε. Πα - ρά - - - σχου Κύ - ρι - ε

5. Πα - ρά - σχου Κύ - ρι - ε - - - - - - 6. Σοὶ Κύ - ρι - ε.

Ἰερ. Καὶ καταξίωσον ἡμᾶς ....

Η ΚΥΡΙΑΚΗ ΠΡΟΣΕΥΧΗ
98

Πάτερ ἡμῶν ὁ ἐν τοῖς Οὐρανοῖς.
1) Ἀγιασθήτω τὸ ὄνομά σου
2) Ἐλθέτω ἡ βασιλεία σου
3) Γενηθήτω τὸ θέλημά σου, ὡς ἐν οὐρανῷ καὶ ἐπὶ τῆς γῆς.

4) Τὸν ἄρτον ἡμῶν τὸν ἐπιούσιον δὸς ἡμῖν σήμερον
5) Καὶ ἄφες ἡμῖν τὰ ὀφειλήματα ἡμῶν, ὡς καὶ ἡμεῖς ἀφίεμεν τοῖς ὀφειλέταις ἡμῶν
6) Καὶ μὴ εἰσενέγκῃς ἡμᾶς εἰς πειρασμόν
7) Ἀλλὰ ῥῦσαι ἡμᾶς ἀπὸ τοῦ πονηροῦ.

Ἰερ. Ὅτι σοῦ ἐστιν ... Ἰερ. Ἀ - - - - - - μην Ἰερ. Εἰρήνη πᾶσι
Χορ. Καὶ τῷ πνεύ - μα - τί σου, Ἰερ. Τὰς κεφαλὰς ....
Ἰερ.

99 Σοὶ Κύ - - ρι - - - ε. Χάριτι καὶ οἰκτιρμοῖς.

Ἰερ.

100 Ἀ - - - - - - - - μην. Πρόσχωμεν, Τὰ ἅγια..

92

101

Εἷς ἅ-γι-ος, εἷς Κύ-ρι-
Is a---yi---os is Ky---ri-

ος, 'Ι-η-σοῦς Χρι- στος---
os I--i-soos Hri-stos---

---εἰς δό--- ξαν Θε-οῦ πα-
---is tho--- ksan Θε--οο pa-

τρός. Ἀ ---μήν.
tros , A------min------------.

Εἰς περίπτωσιν Μνημοσύνου ἀντὶ Κοινωνικοῦ ψάλλονται ἐκ τῆς
Νεκρωσίμου Ἀκολουθίας τὸ "Ἄμωμοι""Αἱ χεῖρες Σου"" Καὶ ἐλέ-
ησόν με..σελὶς εἰς τὸ τέλος δὲ ἐν συντομίᾳ τὸ "ΚΟΙΝΩΝΙΚΟΝ"
Ἱερεὺς,ΜΕΤΑ ΦΟΒΟΥ ΘΕΟΥ.. ΧΟΡΟΣ,ΤΟΥ ΔΕΙΠΝΟΥ ΣΟΥ..Ἱερ.ΣΩΣΟΝ Ο
ΘΕΟΣ ΤΟΝ ΛΑΟΝ ΣΟΥ .. Χορὸς ,ΕΙΔΟΜΕΝ ΤΟ ΦΩΣ..Ἱερ.ΕΝ ΕΙΡΗΝΗ
ΠΡΟΕΛΘΩΜΕΝ ,ΤΟΥ ΚΥΡΙΟΥ ΔΕΗΘΩΜΕΝ"" Χορὸς ΚΥΡΙΕ ΕΛΕΗΣΟΝ.
Ἱερ.Ο ΕΥΛΟΓΩΝ ;; Χορ. ΕΙΗ ΤΟ ΟΝΟΜΑ.. Ιερ. ΤΑ ΝΕΚΡΩΣΙΜΑ
ΕΥΛΟΓΗΤΑΡΙΑ σελὶς ΜΕΤΑ ΤΩΝ ΑΓΙΩΝ.. Ἱερ.ΜΕΤΑ ΠΝΕΥΜΑΤΩΝ..
Ἱερ. C ΘΕΟΣ ΤΩΝ ΠΝΕΥΜΑΤΩΝ ΚΑΙ ΠΑΣΗΣ ΣΑΡΚΟΣ..Χορ.ΑΙΩΝΙΑ Η
ΜΝΗΜΗ.

94

95

96

KOINΩNIKA

MNHMAΣ ΑΓΙΩΝ

107 Εἰς Μνη- μό- - συ- νον αἰ - - ώ - - νι - - ον
Is mni- mo - - si - - non e - - o - - -ni - - - - on

ε - - - - - σται ε - - - σται - - δι' - - και - ος.
e - - - - - - - - -ste e - - - ste thi - - ke - - os

'Αλ - λη- λού - - - - - - - - - - - - - -ι - - - - - - - - - - α.
- - - - - - - - - - - - i - - - - - - - - - - - - a.

ΤΡΙΤΗΝ ΚΥΡΙΑΚΗΝ ΤΩΝ ΝΗΣΤΕΙΩΝ

108 Ἐ - ση - μει- ώ - - - - θη - - - - ἐφ' ἦ - - - μᾶς τὸ
E - si - mi - o - - - - - -θi - - - ef i - - - mas to

φῶς - - - - - - - - - - - τοῦ προ- σώ - - - που - - Σοῦ
fos - - - - - - - - - - too pro- so - - poo Soo

Κύ - - - ρι - - - - ε Κύ - - - - - - Κυ - ρι - - -ε.
Ky - - - - ri - - - - e Ky - - - - - Ky - ri - - e-

Ἐ - -δω - - - - -κας εὐ - -φρο- σύ - - - - - - - - - -νην
e - - tho - - - - - kas ef - -ro- si - - - - - - - - - nin

98

τε πη - γῆς ἀ -θα- νά - - - - - - - - - - - - - - του
te pi- yis - - a -θa- na - - - - - - - - - - - - - too

γεύ - - - - - - - σα - - - - - - - - - σθε. Ἀλληλούϊα.
yef - - - - - - - sas - - - - - - - - - θe. Allilooia.

ΠΑΣΧΑ.

113 Σῶ - - μα - - Χρι - - στοῦ με-τα- λά - - - βε - - · τε
So - - ma Hri - - stoo me - -ta- la - - - - - ve - - te

πη - - - γης α-θα- να - - του- γευ- σα-σθε. Αλληλουια.
pi - - - yis a-θa- na - - - too yef - sas-θe. Allilooia.

Κοινωνικὸν Κυριακῆς τοῦ θωμα.

114 Ἐ - παί-νει Ἰ-ε- ρου-σα- λὴμ τὸν - Κύ - - ρι - - ον
E - pe -ni I-e- roo-sa - - lim ton Ky - - ri - - - on

αἴ - - - - - - νει αἴ-νει τὸν θε- ὸν - - Σου Σι - ὼν.
e - - - - - - - - - ni , e -ni ton θe- on -soo Si - on.

ΠΕΝΤΗΚΟΣΤΗΣ. ΑΛΛΗΛΟΥΙΑ.

115 Τὸ Πνεῦ -μα Σου τὸ ἀ - - γα - - θὸν ὀ - - δη-
To Pnev- ma Soo to a - - ga - - - θon o - -thi-

γή - σει- με ἐν - - - - γῆ ἐν γῆ - ευ - -
yi - - - si - - - - - me en - - - yi en yi - - ef- - - -

θεῖ - - - - - - - - - - - - - - α. ΑΛΛΗΛΟΥΙΑ.
θi - - - - - - - - - - - - - - - a · Allilooia.

AΛ - ΛΗ - ΛΟΥ - - - - - - - - - Ι - - - - - - - A.

≈ΕΥΑΓΓΕΛΙΣΜΟΥ≈

119 Ἐ - ξε - - λέ - - ξα - - το Κυ - - ρι - ος - την - -
Ekse - - le - - ksa - to Ky - - ri - os tin - -

Σι - - - αν ἡ - ρε - τί - - σα - - το αὐ - -
Si - - - - on i - re - -ti - - sa - - - to af - - -

τὴν εἰς κα-τοι - κί - - ᾳαν - - ε - αυ - - - - τῷ
tin is ka - ti - ki - - - an - - - e - af - - - to.

AΛ - - - - - - ΛΗ - - - - - ΛΟΥ - - - - - Ι - - - - - - - A.

ΚΥΡΙΑΚΗ ΤΩΝ ΒΑΙΩΝ

120 Εὐ - λο-γη- μέ - - - - - - νος ὁ ἐρ- χό - - - με - -
Ev - lo-yi- me - - - - - - - nos o er- ho - - - me - -

νος ἐν ὀ - νό - μα - - τι Κυ - - ρί - - - - - ου
nos en o- no- ma - - -ti Ky - - ri - - - - - oo

βα - σι - - λεὺς βα - σι - λεύς - τοῦ - Ἰσ - ρα - ηλ.
va - si - - - lefs va - si- lefs - too - Is - ra - il.

AΛ - ΛΗ - ΛΟΥ - - - - - - - - - Ι - - - - - - - A.

μνή-σθη-τί μου Κύ- ρι-ε   ὅ-ταν ἔλ- - θης   ἐν τῇ βα -σι-λεί-ᾳ Σου.
mnis-θi -ti moo Ky -ri- e   o- tan el- -θis en di va - si - li -a   soo

a - yi - e
Μνή-σθη- τί   μου Ἄ - γι- ε   ὅ -ταν   ἔλ - - θης   ἐν τῇ
Mnis-θi - ti   moo Δεσ-πο-τα   o- tan   el - - θis   en di
                    Thes-po -ta   FINE.

Ἱερεύς.   Σῶσον ὁ θεὸς τὸν λα-όν Σου   καὶ εὐ- λό - ρον τὴν - - - - -

123 Εἴ- δο- μεν τὸ   φῶς   τὸ ἀ- λη- θι- νὸν   - ἐ - λά- βο-
     I - tho -men to fos to a- li -θi - non   - e - la - vo-

μεν   πνεῦ-μα   ἐ - που - ρά - νι- ον   εὕ - - ρο - μεν
men   pnev-ma   e - poo - ra - ni- on   ev - - ro - men

πί - στιν ἀ - λη -θῆ   ἀ - δι - αί - ρε - τον Τρι - ά - δα
pi - stin a - li -θi   a - thi - e - re - ton Tri -a - tha

προ-σκυ- νοῦν - - - - - - τες -   Αὕ-τη γὰρ ἡ- μᾶς ἐ- σω-σεν.
pros-ki - noon - - - - - - des   Af -ti ghar i- mas e- so -sen.

104

107

'Αλ- λη-   λού- ΐ-   α". Ζή-σε- ται ἡ ψυ-   χὴ - μου - -
131 zi -se -te i psi-   hi - - moo - - -

καὶ αἰ- νέ-σει Σε   καὶ τὰ κρί- μα- τά Σου βο- η- θήσει μοι. Ἐ-πλα
ke e -ne- si se   ke ta kri- ma- ta soo vo-i -θi-si mi E -pla

νη - - - θην ὡς προ΄-βα-τον ἀ-πο-λω-λὸς   ζη-τη-σον τόν δου΄- λον Σου
ni - - - θin os pro- va-ton a- po-lo-loς   zi- ti- son την δου- λην Σου
                                                     τοὺς δου- λους Σου

ό - τι τὰς ἐν-το-λάς Σου οὐκ ἐ - πε-λα- θό- - - μην.
o - ti tas en-do-las soo ook e- pe- la- θo - - - min.

ΕΥΛΟΓΗΤΑΡΙΑ

132

Εὐλογητὸς εἶ, Κύριε, δίδαξόν με τὰ δι-
καιώματά σου.

Τῶν Ἁγίων ὁ χορός, εὗρε πηγὴν
τῆς ζωῆς, καὶ θύραν Παραδείσου· εὕ-
ρω κἀγώ, τὴν ὁδὸν διὰ τῆς μετανοίας· τὸ
ἀπολωλὸς πρόβατον ἐγώ εἰμι· ἀνακάλεσαί
με, Σωτήρ, καὶ σῶσόν με.

Εὐλογητὸς εἶ, Κύριε κτλ.

Ὁ παλάμῃ ἐκ μὴ ὄντων πλάσας με;
καὶ εἰκόνι σου θείᾳ τιμήσας, παραβάσει ἐν-
τολῆς δὲ πάλιν με ἐπιστρέψας εἰς γῆν ἐξ
ἧς ἐλήφθην, εἰς τὸ καθ᾽ ὁμοίωσιν ἐπανάγα-
γε, τὸ ἀρχαῖον κάλλος ἀναμορφώσασθαι.

Εὐλογητὸς εἶ, Κύριε κτλ.

Εἰκών εἰμι, τῆς ἀρρήτου δόξης σου, εἰ
καὶ στίγματα φέρω πταισμάτων· οἰκτείρη-
σον, τὸ σὸν πλάσμα, Δέσποτα, καὶ καθά-
ρισον σῇ εὐσπλαγχνίᾳ· καὶ τὴν ποθεινὴν
πατρίδα παράσχου μοι, Παραδείσου πάλιν
ποιῶν πολίτην με.

Εὐλογητὸς εἶ Κύριε κτλ.

Ἀνάπαυσον ὁ Θεὸς τὸν δοῦλόν σου, καὶ
κατάταξον αὐτὸν ἐν Παραδείσῳ, ὅπου χο-
ροὶ τῶν Ἁγίων, Κύριε, καὶ οἱ δίκαιοι ἐκ-
λάμψουσιν ὡς φωστῆρες· τὸν κεκοιμημένον
δοῦλόν σου ἀνάπαυσον, παρορῶν αὐτοῦ
πάντα τὰ ἐγκλήματα.

Τὸ τριλαμπές, τῆς μιᾶς Θεότητος, εὐσεβῶς ὑμνήσωμεν βοῶντες· Ἅγιος εἶ ὁ Πατήρ ὁ ἄναρχος, ὁ συνάναρχος Υἱός, καὶ θεῖον Πνεῦμα· φώτισον ἡμᾶς· πίστει σοι λατρεύοντας, καὶ τοῦ αἰωνίου πυρὸς ἐξάρπασον.

Χαῖρε σεμνή, ἡ Θεὸν σαρκὶ τεκοῦσα εἰς πάντων σωτηρίαν, δι' ἧς γένος τῶν ἀνθρώπων εὕρατο τὴν σωτηρίαν· διὰ σοῦ εὕρομεν Παράδεισον, Θεοτόκε, ἁγνὴ εὐλογημένη. Ἀλληλούϊα, Ἀλληλούϊα, Ἀλληλούϊα.

ΕΙΣ ΚΗΔΕΙΑΝ　　Μετὰ τὸ τέλος τῶν Εὐλογηταρίων οἱ χοροὶ ἄρχονται τῶν κατ' ἦχον νεκρωσίμων Ἰδιομέλων.

Ἦχος α΄.

Ποία τοῦ βίου τρυφὴ διαμένει λύπης ἀμέτοχος; ποία δόξα ....

ΜΑΚΑΡΙΑ Η ΟΔΟΣ ....

Καὶ εὐθὺς ὁ Ἀπόστολος Οὐ θέλω ὑμᾶς ἀγνοεῖν περὶ τῶν ....

Εἴτα εὐαγγέλιον· Ἐλέησον ἡμᾶς. Ὁ Θεὸς τῶν πνευμάτων. Ὅτι σὺ εἶ ἡ Ἀνάστασις καὶ εἴτα τὸ.

Δεῦτε τελευταῖον ἀσπασμόν, δῶμεν ἀδελφοὶ τῷ θανόντι, εὐχαριστοῦντες Θεῷ· οὗτος γὰρ ἐξέλιπε τῆς συγγενείας αὐτοῦ, καὶ πρὸς τάφον ἐπείγεται, οὐκ ἔτι φροντίζων, τὰ τῆς ματαιότητος. καὶ πολυμόχθου σαρκός· ποῦ νῦν συγγενεῖς τε καὶ φίλοι; ἄρτι χωριζόμεθα ὃν περ, ἀναπαῦσαι Κύριος εὐξώμεθα.

Σῶζε τοὺς ἐλπίζοντας εἰς Σέ, Μήτηρ τοῦ ἀδύτου ἡλίου θεογεννήτρια. Αἴτησαι πρεσβείαις Σου τὸν ὑπεράγαθον, ἀναπαῦσαι δεόμεθα τὸν νῦν μεταστάντα, ἔνθα ἀναπαύονται αἱ τῶν δικαίων ψυχαί· θείων ἀγαθῶν κληρονόμον δεῖξον ἐν αὐλαῖς τῶν Ἁγίων εἰς μνημόσυνον πανάι-

110

111

ΠΑΝΗΓΥΡΙΚΗ ΔΟΞΟΛΟΓΙΑ

'Απολυτίκιον τοῦ ναοῦ ἢ τῆς ἑορτῆς.

141

113

114

115

148 Τὸν Δε- σπό - - - - την καὶ Ἀρ - - χι - - ε - ρέ - α ἠ-
Ton the- spo - - - - tin ke Ar - hi - - e - re - a i-

μῶν Κύ - ρι - - - - ε φύ - λατ- τε
mon Ky - ri - - - - e fi - la - te

εἰς πολ -λὰ ἔ - - - - τη Δε- - σπο - τα
is po - la e - - - ti The- spo - ta

εἰς πολ- λὰ ἔ - τη Δε - - - - σπο - τα.
is po - la e - ti The - - - - - spo - ta.

Ἀ - - - - - - - - - - - - - - - μην.
min.

117

149

Τὸν εὐ - λο - γοῦν - - - - - - - τα καὶ ἁ - γι -
Ton ev - lo - ghoon - - - - - - - da ke a - yi -

ά - ζον - τα ἡ - μᾶς, Κύ - ρι - ε, φύ - λατ -
a - zon - da i - mas Ky - ri - e fi - la -

τε εἰς πολ - λά - - ἔ - - - - - - - - - τη.
te is po - la - - e - - - - - - - - - ti.

Ὁ Ἱερεύς.

Δι' εὐχῶν τῶν Ἁγίων Πατέρων ἡμῶν, Κύ-
ριε Ἰησοῦ Χριστέ, ὁ Θεὸς ἡμῶν, ἐλέησον καὶ
σῶσον ἡμᾶς.

150 A - μην;

118

151

Ἡ γεν-νη-σίς σου Θε-ο- τό- - - - κε χα-ρὰν ἐ- μή-νυ - σε
I ghe -ni- sis soo Θe-o - to - - - - ke ha - ran e- mi -ni - se

πά- σῃ τῇ οἰ - κου-μέ -νῃ ἐξ σοῦ γὰρ ἀ - νέ- τει- λεν ὁ
pa - si ti i - -koo - me-ni eks soo ghar a - ne-ti - len o

ἥ - λι - ος - τῆς δι -και- ο - σύ - - - νης Χρι-στὸς ὁ θε-
i - li - Os tis thi- ke - O - si - - - - nis Hri- stos o θe-

ός ἡ -μῶν, καὶ λύ-σας τὴν κα - τά -ραν ἔ -δω- κε τὴν εὐ- λο-
os i - mon ke li- sas tin ka - ta- ran e - tho - ke tin ev - lo-

γί - - - αν - καὶ κα-ταρ- γή - σας τὸν θά- να -τον
yi - - - - an - ke ka - tar - yi - sas ton θa - na - ton

ἐ - δω- ρή- σα- το ἡ - μῖν ζω- ὴν τὴν αἰ- ώ - νι - ον.
e - tho - ri - sa- to i - min zo - in tin e - o - ni - on.

ΛΟΥΚΑ ΤΟΥ ΕΥΑΓΓΕΛΙΣΤΟΥ

154

'Υ - περ-δε - δο - ξα - σμέ-νος εἶ, Χρι - στὲ   ὁ θε- ὸς - ἡ -
I parthetho-ksa-smenos i Hri_ste o θe- os i - -

μῶν,   ὁ φω-στῆ-ρας   ἐ - πὶ γῆς τοὺς πα - τέ - ρας ἡ- μῶν θε -
mon o fo-sti-ras e -pi yis   toos pa-te- ras i-mon θe-

με - λι - ῶ - σας καὶ δι' αὐ-τῶν πρὸς τὴν ἀ - λη - θι-νὴ
me - li - - o - - - sas ke thi af-ton pros tin a-li-θi-nin

πί-στιν πάν τας ἡ - μᾶς - ὁ - δη - γή - σας. πο-λυ - εύ -
pi-stin pan-das i- mas - o-thi- yi - -sas po- li -ef_s

σπλαγ - χνε -, δό - ξα - Σοι.
plan-hne tho - ksa - si.

121

ΑΓΙΟΥ ΔΗΜΗΤΡΙΟΥ

155

122

ΑΓΙΩΝ ΑΝΑΡΓΥΡΩΝ

156 Ἅ- γι- οι Ἀ- νάρ-γυ- ροι καί - θαυ- μα - τουρ- γοί ἐ-πι-
A- gi- i A- nar-yi- ri ke - thav - ma - toor yi e-pi

σκέ - ψα - σθε τάς ἁ -σθε -νεί - ας ἡ - μῶν, δω - ρε - άν ἐ-
ske- psa sthe tas a -sthe-ni - as i - mon tho- re - an e-

λά - βε - τε δω - ρε- άν - - δδ - - τε ἡ - μῖν.
la - ve - te tho - re- an - tho - te i min

ΤΩΝ ΤΑΞΙΑΡΧΩΝ

157 Τῶν οὐ - ρα - νί - αν- στρα-τι- ᾶν - ἀρ -χι- στράτηγοι
Ton oo - ra - ni - on- stra- ti- on - ar - hi- stra-ti-yi

δυ- σω- ποῦ - μεν ὑ - μᾶς ἡ- μεῖς- οἱ ἀ - νά- ξι- οι,
thi- so- poo - men i - mas i- mis- i a - na- ksi- i

ἵ - να ταῖς ὑ - μῶν δε- ή - σε - σι τει- χί-ση- τε ἡ - μᾶς
i - na tes i- mon the- i - se- si ti- hi -si te i - mas

123

σκέ- πη   τῶν   πτε- ρύ - - γων   τῆς ά - ύ -λου ύ - μῶν δό-ξης
ske- pi   ton   pte- ri - - ghon   tis a - i -loo i - mon tho-ksis

φρου-ροῦν-τες ή - μᾶς προ-σπί-πτον- τας έ - κτε- νῶς καὶ βο-
froo- roon- des i- mas pros-pi- pton- das e - kte- nos ke vo-

ἄν - - - - τας - - έκ τῶν κιν δύ - νων λυ-τρώα -σθε ή-
on - - - - das - - ek ton kin- thi— non li-tro-sa -sθe i-

μᾶς ὡς τα- ξι-αρ - χαι τῶν ά νω δυ-νά -με- ων.
mas os ta- ksi-ar - he ton a - no thi- na- me- on.

ΕΙΣ ΤΑ ΕΙΣΟΔΙΑ ΤΗΣ ΘΕΟΤΟΚΟΥ

158 Σή- με- ρον τῆς εὐ- δο- κί- ας θε- οῦ τό προ- οί-μι- ον
Si- me- ron tis ev- tho- ki- as θe- oo to pro- i- mi- on

καί τῆς τῶν ἀν- θρώ- πων σω-τη- ρί- ας ή προ-κή ρυ- ξις
ke tis ton an- θro- pon· so- ti- ri- as i pro-ki- ri- ksis

124

ἐν να- ῷ τοῦ θε- οῦ - - τρα-νῶς ἡ Παρ- θέ- νος δείκνυται
en na- o too θe-oo - - tra- nos i Par- the- nos thik-ni-te

- καί τόν Χρι- στόν τοῖς πᾶ- σι προ-κα- ταγ- γελ-λε-ται - Αὐ- τῇ
ke ton Hri- ston tis pa- si pro- ka- tan ghe-le- te - Af- ti

καί ἡ- μεῖς με- γα- λο-φώ- - νως βο- ή- σω- μεν Χαῖ-ρε τῆς οἰ
ke i- mis me- gha- lo-fo- - nos vo- i- so- men He- re tis i-

κο- νο- μί- - - ας τοῦ κτί- στου ἡ ἐκ- πλή- ρω- σις
ko- no- mi- - - as too kti- stoo i ek- pli- ro- sis.

ΑΓΙΑΣ ΑΙΚΑΤΕΡΙΝΗΣ

159 Τήν παν-εὐ - φη- μον νύμ- φην Χρι- στοῦ ὑ- μνή-σω- μεν Αἰ-
Tin pan- e - fi- mon nim- fin Hri- stoo i- mni- so- men E -

κα- τε- ρί - ναν τήν θεί - αν καί πο- λι- οῦ- χον Σι- νᾶ
ka- te- ri - nan tin θi - an ke po- li- oo- hon Si- na

125

τήν βο- ή - θει- αν ή -μῶν- καί ἀν- τί- λη- ψιν   ὃ - τι ἐ-
tin vo- i - θi- an i -mon   ke an- di li- psin   o - ti e-

φί- μω- σε λαμ- πρῶς τούς κομ- ψούς· τῶν ἀ- σε- βῶν τοῦ Πνεύ-
fi - mo- se lam - bros   toos kom- psoos ton a- se- von too Pnev-

μα- τος τῇ δυ- νά- μει καί νῦν ὡς μάρ- τυς στεω. θεῖ -
ma- tos ti thi- na- mi. ke nin os mar- tis teh - θi -

σα αἰ- τεῖ- ται πᾶ- σι τό μέ- γα ἔ- λε- ος.
sa e- ti- te pa- si to me- gha e- le- os.

ΑΓΙΟΥ ΑΝΔΡΕΟΥ

160 Ὡς τῶν ἀ -πο- στό - λων πρω-τό-κλη-τος καί τοῦ κο- ρυ - φαί-ου αὐ-
     Os ton a- po- sto- lon pro- to- kli- tos ke   too ko- ri- fe -eo af-

τά - δελ- φος τῷ δε- σπό -τη τῶν ὅ- λων Ἀν- δρέ-α ἱ - κέ - - τευ-
ta - - thel- fos to the- spo - ti ton o - lon An- thre- a i - ke - - te-

ΑΓΙΑΣ ΒΑΡΒΑΡΑΣ

161

162

Κα- νό -να πι -στε- ως - - καὶ εἰ- κό -να πρα- ο' - - - τη- τος
Ka- no- na pi- ste -os - ke i - ko - na pra- o - - - ti- tos

ἐγ-κρα- τεί - ας δι- δα' -σκα - λον ἀ- νε- δει- ξέ σε τῆ
en-gra- ti - as thi- tha-ska - lon a - ne- thi- kse se ti

ποι' - μνη σου ἡ τῶν πραγ- μά - των ἀ- λή - - θει- α
pi - - mni soo i ton prag- ma -ton a- li - - θi- a

δι-ὰ τοῦτο ἐκ-τή - σω τῇ τα-πει- νώ - σει τὰ ὑ -ψη- λὰ
thi-a too-to ek- ti - so ti ta-pi -no- - si ta i -psi- la

τῆ πτω- χεί'- ᾳ τὰ πλού- σι- α 4 Πά τερ ἱ- ε- ράρ-χα Νι- κο- - λα-
ti pto- hi -a ta ploo-si- a 4 Pa- ter i- e- rar -ha Ni- ko- - la-

ε πρέσ-βευ- ε Χρι- στῷ τῷ θε- ῷ σω- θῆ-ναι τὰς ψυ- χὰς ἡ- μῶν.
e pres-ve- ve Hri - sto to θe- o so- θi-ne tas psi- has i -mon.

163 Ἐν πί - - στει τους προ- πά-το-ρας ἐ-δι- καί - ω - σας
En bi - sti toos pro- pa-to- ras e -thi- ke - o - sas

τὴν ἐξ ἐ - θνῶν δι᾽ αὐ - τῶν προ-μνη-στευ- σά - με -νος Ἐκ-κλη-σί-
tin eks e- thnon thi-af- ton pro-mni- stef- sa - me - nos ek- li -si-

αν Καυ- χῶν - ται εν δό- ξη οι ἅ - - - γι-οι ὅ -τι ἐκ
an kaf- hon- de en tho-ksi i a - - - yi-i o-ti ek

σπέρ-μα -τος αὐ- τῶν ὑ - πάο- χει καρ-πός - εὐ - κλε- ὴς ἤ ἁ-
sper- ma -tos af- ton i - par- hi kar- pos - ef- kle- is i a-

σπό- ρως τε- κοῦ - σα σε ταῖς αὐ- τῶν ἱ - κε- σί-αις Χρι-
spo- ros te- koo - sa se tes af- ton i - ke- si-es Hri-

στέ- ὁ θε - ὸς ἐ- λέ - η - σον ἡ - - μᾶς.
ste - o the - os e- le - i - son i - - - mas.

129

131

ΔΑΝΙΗΛ ΤΟΥ ΠΡΟΦΗΤΟΥ

166

Με- γά- -λα τὰ τῆς πί-στε- ως κα-τορ-θώ- -μα-τα. ἐν τῇ πη-
Me- gha- -la ta tis pi-ste-os ka-tor-θο- -ma-ta en di pi-

γῇ τῆς φλο- γός ὡς ἐ-πὶ ὕ-δα-τος ἁ-να-παύ-σε- ως,οἱ
yi tis flo- ghos os e-pi i-tha-tos a-na-paf-se- os i

ἅ- γι -οι τρεῖς παῖ- δες ἠ- γάλ- -λον- το. καὶ ὁ προ-
a- yi -i tris pe- thes i- gha- -lon- do ke o pro-

φή-της Δα-νι- ὴλ λε-όν- -των ποι- μήν ὡς προ- βά- των ἑ-
fi -tis Tha-ni- ill le-on- -don pi- min os pro- va- ton e-

δεί- -κνυ- το. ταῖς αὐ- τῶν ἱ- κε- σί- αις, Χρι-στὲ- ὁ Θε-
thik- ni- to tes af- ton i- ke- si- es Hri-ste- o The-

ός σῶ- σον τὰς ψυ- χὰς- ἡ- μῶν.
os so- son tas psi- has- i- mon.

132

167

Ἡ γέν-νη-σίς σου Χρι-στὲ ὁ θε-ός --- ἦ-μῶν ἀ-
I ye-ni-sis soo Hri-ste o the-os --- i-mon a-

νέ-τει-λε τῷ κό-σμῳ τὸ φῶς τὸ τῆς γνώ-σε-ως ἐν αὐ-
ne-ti-le to koz-mo to fos to tis ghno-se-os en af-

τῇ γὰρ οἱ τοῖς ἄ --- στροις λα-τρεύ-ον-τες ὑ-πὸ ἀ-
ti ghar i tis as --- ⸤ris la-tre-von-des i-po a-

στέ-ρος ἐ-δι-δά --- σκον-το σὲ προ-σκυ-νεῖν τὸν
ste-ros e-thi-tha --- skon-do se pros-ki-nin ton

ἥ-λι-ον --- τῆς δι-και-ω-σύ --- νης καὶ σὲ γι-νώ-
i-li-on --- tis thi-ke-o-si --- nis ke se yi-no-

σκειν ἐξ ὕ --- ψους ἀ-να-το-λήν. Κύ-ρι-ε δό-ξα σοι.
skin eks i --- psoos a-na-to-lin. Ky-ri-e tho-ksa-si.

ΑΓΙΟΥ ΒΑΣΙΛΕΙΟΥ

168 Εἰς πᾶσαν τὴν γῆν ἐ - ξῆλ - θεν ὁ φθόγ-γος σου ὡς
Is pa- san tin yin e - ksil - θen o fθon- gos soo os

δε- ξα- μέ - - νην τὸν λό - γον σου, δι οὗ θε-ο-πρε-πῶς ἐ - δογ-
the -ksa- me - - - nin ton lo - ghon soo θi oo θe -o-pre- pos e-thog-

μά-τι-σας, τὴν φύ- σιν τῶν ὄν - - των ἐ-τρά-νω-σας, τὰ τῶν ἀν-
ma -ti- sas tin fi - sin ton on - - - -don e -tra-no-sas ta ton an-

θρώ-πων ἤ - θη κα - τε -κόσ- μη - σας. Βα - σί - λε ι -ον
θro-pon i - θi ka - te -koz- mi - - sas Va - - si - li -on

ί - ε -ρά-τευ- μα, Πά - τερ ὅ - σι- ε Χρι- στὸν τὸν θε - ὸν ἰ-κέ-τευ-
i -e -ra-tev- ma Pa -ter o - si- e Hri- sten ton θe - on i-ke-te-

ε σω- θῆ - ναι τὰς ψυ- χὰς - ἡ - - - - - μῶν.
ve so - θi - ne tas psi- has - - - i - - - - - mon.

134

170

Ἐν Ἰ- ορ- δά - νη   βα -πτι- ζο- μέ-νου σου Κύ - ρι - ε
En I - or -tha - ni   va -pti - zo - me-noo soo Ky - ri - e

ἡ τῆς Τρι- ά- δος ἐ - φα -νε ρω - - θη προ-σκύ -νη-σις
i tis Tri - a -thos e - fa - ne -ro - - - θi   pro -ski - ni-sis

τοῦ γὰρ Γεν-νή - το - ρος ἡ   φω - νή προ- σε-μαρ-τύ - ρει σοι
too ghar ye - ni - to - ros i fo - ni   pro - se -mar -ti - ri   si

ἀ - γα -πη -τόν σε   Υἱ - ὸν - -   ὁ - νο -μά- ζου σα καὶ τὸ
a - gha - pi - ton se   I - on - - -   o - no -ma - -zoo -sa ke   to

Πνεῦ-μα ἐν εἴ - - - δει πε- ρι-στε-ρᾶς ἔ-βε -βαί- ου τοῦ λό-
Pnev-ma en i - - - - thi pe - ri-ste -ras e -ve - ve - oo too lo-

γου τὸ ἀ -σφα- λές   ὁ ἐ - πι - φα-νεὶς Χρι-στέ -
ghoo to a -sfa - les   o   e - pi - fa -nis Hri - ste -

ὁ θε - ός, καὶ τὸν κό-σμον φω-τί-σας δό - ξα - - σοι.
o   θe - os ke ton koz-mon fo - ti - sas tho -ksa - si.

171

Φω -νή Κυ-ρί-ου ἐ - πὶ τῶν ὑ - δά-των βο - ᾷ λέ - - - -
Fo -ni Ky -ri -oo e -pi ton i - tha - ton yo - a   le - - - - -

γου - - - - σα Δεῦ-τε λά- βε-τε πάν - - τες πνεῦ-
ghoo - - - - - sa Thef-te la - ve - te pan - - - - - des pnev-

μα σο- φί - ας πνεῦ - μα συ - νέ - - - - σε - - - - ως
ma so - -fi - as pnev - ma si - ne - - - - - se - - - os

Πνεῦ-μα φό-βου θε- οῦ τοῦ ἐ - πι - φα- νέν- - τος Χρι -στοῦ,
Pnev-ma fo-voo θe - oo too e -pi -fa - nen - - dos Hri -stoo.

ΑΓΙΟΥ ΙΩΑΝΝΟΥ ΤΟΥ ΒΑΠΤΙΣΤΟΥ

172 Μνή-μη δι-και-ου μετ' ἐγ-κω-μί---ων, σοὶ δὲ ἀρ-
Mni -mi thi-ke-oo met en-go-mi---on si the ar-

κέ-σει ἡ μαρ-τυ-ρί-α τοῦ Κυ-ρί-ου Προ-δρο-με ἀ-νε-
ke-si i mar-ti-ri-a too Ky-ri-oo Pro-thro-me a-ne-

δεί-χθης γὰρ ὄν-τως καὶ προ-φη-τῶν σε-βα-σμι-ώ--τε-ρος
thih-θis ghar on-dos ke pro-fi-ton se-vaz-mi-o--te-ros

ὄ-τι καὶ ἐγ ρεί-θροις βα-πτί-σαι κα-τη-ξι-ώ-θης
o-ti ke en ri-θris va-pti-se ka-ti-ksi-o-θis

τὸν κη-ρυτ-τό-με-νον Ὅ-θεν τῆς ἀ-λη-θεί-ας ὑ-
ton ki-ri-to-me-non O-θen tis a-li-θi-as i-

περ-α-θλή---σας χαί-ρων-εὐ-ηγ-γε-λί-σω καὶ
per-a-θli----sas he-ron e-vin-ge-li-so ke

137

τοῖς ἐν Ἅ- - - - δῃ θε- ὸν φα- νε- ρω- θέν- τα ἐν σαρ-
ke tis en A- - - - -thi the- on fa- ne- ro- then- da en sar-

κί, τὸν ἀί- ρων- τα τὴν ἁ- μαρ- τί- αν τοῦ κό- - - σμου
ki ton e- ron- da tin a- mar- ti- an too koz- - - moo

καὶ πα- ρέ- χον- τα ἡ- μῖν τὸ μέ- γα ἔ- λε- ος.
ke pa- re- hon- da i- min to me- gha e- le- os.

Ἀπολυτίκιον Ἀντωνίου τοῦ Μεγάλου.

173 Τὸν ζη- λω- τὴν Ἠ- λί- αν τοῖς τρό- ποις μι- μού- - -
Ton zi- lo- tin I -li- an tis tro- pis mi- moo- - -

με- νος τῷ Βα- πτι- στῇ εὐ- θεί- αις ταῖς τρί- βοις ἐ-
me- nos to va- pti- sti ef- thi- es tes tri- vis e-

πό- - - με- νος Πά- τερ Ἀν- τώ- - - νι ε τῆς ἐ- ρή- μου
po- - - - - me -nos Pa- ter An- do- - - - ni e tis e- ri- moe

γέ- γο- νας οἰ- κι- στὴς καὶ τὴν οἰ- κου- μέ- νην ἐ-
ye- gho- nas i- ki- stis ke tin i- koo- me- nin e-

στή- ρι- ξας εὐ- χαῖς- - - σου δι- ὸ πρέ- σβευ- ε Χρι- στῷ
sti- ri- ksas ef- hes- - - - soo thi- o pres- ve- ve Hri- sto

τῷ θε- ῷ σω- θῆ- ναι τὰς ψυ- χὰς ἡ- μῶν.
to the- o so- thi- ne tas psi- has i- mon.

138

ΑΠΟΛΥΤΙΚΙΟΝ ΤΗΣ ΥΠΑΠΑΝΤΗΣ   ¹Ισον Organic Point ΜΙ

175 Χαῖ- ρε κε- χα - ρι- τω- μέ- νη θε -ο- τό- κε Παρ- θέ-
He - re ke -ha - ri - to -me - ni θe - o -to - ke Par - θe-

νε ἐκ σοῦ γὰρ ἀ - νέ- τει-λεν ὁ ἥ - λι-ος της δι-και-ο-
ne ek soo ghar a - ne - ti - len o i - li- os tis thi-ke- o-

σύ - - νης Χρι - στὸς ὁ θε - ὸς ἡ - μῶν φω - τί-ζων τοὺς ἐν
si - - - nis Hri - stos o θe - os i - mon fo - ti- zon toos en

σκο - τει. εὐ -φραι - νου καὶ σύ πρε - σβῦ - τα
sko - ti ef - re - - - noo ke si pres - vi - ta

δι - και - ε δε - ξά - με-νος ἐν ἀγ - κά -λαις τὸν
thi - ke - e the - ksa - me -nos en an - ga - les ton

ε -λευ- θε - ρω- τὴν τῶν ψυ - χῶν ἡ - μῶν χα - ρι- ζο-με-
e - lef - θe - ro -tin ton psi- hon i - mon ha - ri - zo-me-

νον ἡ - μῖν καὶ τὴν ἀ - νά - στα - - - - σιν.
non i - min ke - tin a - na - sta - - - - sin.

ΑΠΟΛΥΤΙΚΙΟΝ ΕΥΑΓΓΕΛΙΣΜΟΥ

176 Σή - με - ρον τῆς σω - τη - ρί-ας ἡ -μῶν τὸ κε φά- - -
Si - me -ron tis so - ti - ri -as i - mon to ke fa - - -

λαι - ον καὶ τοῦ ἀ - παι -ῶ-νος μυ-στη - ρί-ου ἡ φα-νέ - -ρω
le - on ke too a - pe - o -nos mi-sti - ri-oo i fa-ne - -ro-

σις ὁ Υἱ- ὸς τοῦ θε- οῦ Υἱ- ος τῆς Παρ- θέ -νου γί - νε - ται
sis o i - os too θe - oo I - os tis Par - θe- noo ghi - ne - te

καὶ Γα - βρι-ηλ τὴν χά- ριν εὐ-αγ - γε-λί - ζε-ται.Διὸ καὶ ἡ-
ke Gha - vri- il tin ha - rin e - vang- ge- li - ze- te Thi - o ke i-

μεῖς σὺν 'αὐ- τῷ τῇ θε- ο - τό'-κῳ θο-η-'- σω - μεν Χαῖ - ρε
mis sin af - to ti θe - o - to - ko vo-i -so - men He - re

κε - χα- ρι-τω-μέ - - - νη ὁ Κύ-ρι-ος με-τὰ σοῦ - -
ke - ha - ri-to-me - - - ni o Ki- ri-os me- ta soo - .

141

ΑΠΟΛΥΤΙΚΙΟΝ ΑΓΙΟΥ ΓΕΩΡΓΙΟΥ

177 Ὡς τῶν αἰχ-μα-λώ-των ἐ-λευ-θε-ρω-τής καὶ τῶν πτω-
Os ton eh-ma-lo-ton e-lef-the-ro-tis ke ton pto-

χῶν ὑ-πε-ρα-σπι-στής, ἀ-σθε-νούν-των ἰ-α-τρός βα-σι-λέων ὑ-
hon i-pe-ra-spi-stis, as-the-noon-don i-a-tros va-si-le-on i-

πέρ-μα-χος τρο-παι-ο-φό-ρε με-γα-λο-μάρ-τυς Γε-
per-ma-hos tro-pe-o-fo-re me-gha-lo-mar-tis Ghe-

ώρ-γι-ε, πρέ-σβευ-ε Χρι-στῷ-τῷ θε-ῷ σω-
or-ghi-e pres-ve-ve Hri-sto to θe-o so-

θῆ-ναι τὰς ψυ-χὰς ἡ-μῶν.
θi-ne tas psi-has i-mon.

ΕΙΣ ΤΟ ΓΕΝΕΘΛΙΟΝ ΑΓΙΟΥ ΙΩΑΝΝΟΥ ΤΟΥ ΒΑΠΤΙΣΤΟΥ

178 Προ-φῆ-τα καὶ Πρό-δρο-με τῆς πα-ρου-σί-ας Χρι-
Pro-fi-ta ke Pro-thro-me tis pa-roo-si-as Hri-

στοῦ ἀ-ξί-ως εὐ-φη-μῆ-σαί σε οὐκ εὐ-πο-ροῦ-μεν ἡ-
stoo a-ksi-os e-fi-mi-se-se ook ef-po-roo-men i-

μεῖς οἱ πό-θῳ τι-μῶν---τές σε στεί-ρω-σις γὰρ τε-
mis i po-θo ti-mon--des se sti-ro-sis ghar te-

κου-σης καὶ πα-τρὸς---ἀ-φω-νί-α λέ-λυν-ται τῇ ἐν-
koo-sis ke pa-tros----a--fo-ni-a le-lin-te ti en-

δό----ξω καὶ σε-πτῇ σου γεν-νή-----αει-καὶ
tho----kso ke se-pti soo ye-ni------si--ke

σάρ-κω-σις Υἱ-οῦ τοῦ Θε-οῦ κό-σμῳ κη-ρύτ-τε-ται.
sar-ko-sis I-oo too Θe-oo koz-mo ki-ri-te-te.

ΑΠΟΛΥΤΙΚΙΟΝ ΠΕΤΡΟΥ ΚΑΙ ΠΑΥΛΟΥ

179 Οἱ τῶν ἀ-πο-στό-λων πρω-τό-θρο-νοι καὶ τῆς
I ton a-po-sto-lon pro-to---θro-ni ke tis

oἰ- κου- μέ- νης δι- δά- - -σκα- λοι τῷ δε- σπό- τῃ τῶν ὅ -λων
i - koo- me - nis thi tha - - -ska- li to the-spo- ti ton o -lon

πρε -σβεύ- - - - - σα- τε εἰ-ρή - νην τῇ οἰ -κου -μέ - νῃ δω-
pres-ve- - - - - -sa-te i- ri - - nin ti i -koo- me - ni tho-

ρή - σα- σθαι καὶ ταῖς ψυ -χαῖς ἡ-μῶν τὸ μέ- γα ἔ -λε-ος.
ri - sas - the ke tes psi - hes i -mon to me -gha e -le- os.

ΣΥΝΑΞΙΣ ΤΩΝ ΔΩΔΕΚΑ ΑΠΟΣΤΟΛΩΝ

180 Ἀ - πό -στο- λοι ἅ - γι- οι πρεσβεύ- σα- τε τῷ ἐ- λε-η- μο-
A - po -sto- li a - yi - i pres-vef - sa- te to e -le- i -mo-

νι θε- ῷ ἵ- να πται-σμά -των ἅ - φε- σιν πα- ρά-σχῃ
ni the - o i - na ptes- ma - ton a - fe- sin pa- ras-hi

ταῖς ψυ - χαῖς ἡ - μῶν.
tes psi - hes i - - mon.

ΑΠΟΛΥΤΙΚΙΟΝ ΑΓΙΟΥ ΠΑΝΤΕΛΕΗΜΟΝΟΣ

182

Ἀ - θλο - φό - ρε   ἅ - γι ε καὶ ἰ - α - μα - τι - κέ Παν-
Α - θλο- fo - re a - yi - e ke i - a - ma - ti - ke Pan-

τε - λε - ῆ - μων   πρέ - σβευ - ε   τῷ ἐ - λε - ή - μο - νι θε-
te - le - i - mon   pres - ve - ve to e - le - i - mo - ni θe-

ῷ ἵ - να πται - σμά - των   ἅ - φε - σιν πα - ρά - σχη ταῖς ψυ-
o i - na ptes - ma - ton a - fe - sin pa - ras - hi tes psi-

χαῖς   ἡ - μῶν.
hes   i - mon.

ΑΠΟΛΥΤΙΚΙΟΝ ΜΕΤΑΜΟΡΦΩΣΕΩΣ

183

Με - τε - μορ - φώ - θης   ἐν τῷ ὄ - ρει Χρι - στὲ - ὁ θε-
Me - te - mor - fo - θis   en do - o - ri Hri - ste - o θe-

ός, δεί - ξας τοῖς μα - θη - ταῖς -   σου τὴν δό - ξαν σου κα-
os   thi - ksas tis ma - θi - tes ---- soo tin tho - ksan soo ka-

146

θὼς ἠ - δύ-ναν- το λάμ - ψον καὶ ἡ - μῖν τοῖς ἁ- μαρ-τω-
thos i - thi- nan- do lamp- son ke i - min tis a - mar- to-

λοῖς τὸ φῶς σου τὸ- ἀ-ί- δι-ον πρε - σβεί-αις τῆς θε- ο -τό-
lis to fos soo to- a - i -thi-on pres- vi- es tis the- o -to-

κου φω-το- δό - τα δό - ξα σοι.
koo fo- to- tho- ta tho- ksa- si.

ΑΠΟΛΥΤΙΚΙΟΝ ΚΟΙΜΗΣΕΩΣ ΘΕΟΤΟΚΟΥ " Ισον —Organ Point RE

184 Ἐν τῇ γεν-νή- σει τὴν παρ- θε- νί-αν ἐ-φύ - λα-ξας ἐν τῇ κοι-
En di ye-ni-si tin par- the-ni- an e - fi -la-ksas en di ki-

μή -σει τὸν κό -σμον οὐ κα -τέ- λι- πες- θε- ο- τό- κε, με-
mi -si ton koz- mon oo ka -te- li -pes- the- o -to- ke me-

τέ- στης πρὸς τὴν ζω- ὴν μή - τηρ ὑ -πάρ-χου-σα
te- stis pros tin zo- in mi- tir i - par - hoo-sa

τῆς ζω- ῆς καὶ ταῖς πρε -σβεί - αις ταῖς σαῖς- λυ-τροι
tis zo- is ke tes pres- vi - es tes ses li-troo

μέ - νη ἐκ θα- νά-του τὰς ψυ- χὰς ἡ - μῶν.
me --- ni ek tha- na-too tas psi- has i - mon.

147

185 Τὴν ἄ-χραν-τον εἰ-κό-να σου προ-σκυ-νοῦ-μεν ἀ-γα-θέ,
Tin a-hran-don i-ko-na soo pro-ski-noo-men a-ga-θe

αἰ-τού-με-νοι συγ-χώ-ρη-σιν τῶν πται-σμά-των ἡ-μῶν Χρι-στὲ-
e-too-me-ni sin-ho-ri-sin ton ptes-ma-ton i-mon Hri-ste

ὁ θε-ὸς βου-λή-σει γὰρ ηὐ-δό-κη-σας σαρ-κὶ ἀ-νελ-θεῖν ἐν
o θe-os voo-li-si ghar iv-tho-ki-sas sar-ki a-nel-θin en

τῷ σταυ-ρῷ ἵ-να ρύ-σῃ οὓς ἔ-πλα-σας ἐκ τῆς δου-λεί-ας
do stav-ro i-na ri-si oos e-pla-sas ek tis thoo-li-as

2 τοῦ ἐχ-θροῦ. ὅ-θεν εὐ-χα-ρί-στως βο-ῶ-μεν σοι χα-ρᾶς ἐ-
too eh-θroo o-θen ef-ha-ri-stos vo-o-men si ha-ras e-

πλή-ρω-σας τὰ πάν-τα ὁ Σω-τὴρ ἡ-μῶν πα-ρα-γε-νό-
pli-ro-sas ta pan-da o so-tir i-mon pa-ra-ye-no-

μe - voς εἰς τὸ σῶ - σαι τὸν κό - - - - - σμον -.
me - nos is to so - se ton koz - - - - mon -.

ΑΠΟΛΥΤΙΚΙΟΝ. ΔΕΥΤΕΡΑ ΚΥΡΙΑΚΗ ΤΩΝ ΝΗΣΤΕΙΩΝ

186 Ὀρ - θο-δο-ξί-ας ὁ φω-στήρ, Ἐκ-κλη- σί-ας τὸ στή-ριγ-μα καὶ δι-
Or - θo-tho-ksi-as o fo- stir E - kli-si-as to sti- rig-ma ke thi -

δά - σκα - λε τῶν μο - να-στῶν ἡ καλ- λο- νή, τῶν θε-ο-λό-γων ὑ-
tha - ska - le ton mo - na-ston i ka - lo - ni ton θe - o - lo-ghon i-

πέρ-μα- χος ἅ- προ - σμά - χη- τος, Γρη-γό-ρι-ε θαυ-μα-τουργέ, θεσ-
per- ma - hos a - pros- ma - hi - tos Gri -gho-ri-e θav-ma -toor- ye θe-

σα- λο - νί-κης τὸ καύ- χη - μα κή -ρυξ τῆς χά -ρι- τος ἱ-κέ-τευ-
sa - lo -ni- kis to kaf- hi - ma ki - riks tis ha - ri- tos i - ke - te-

ε δι-ὰ - παν-τὸς σω-θῆ -ναι τὰς ψυ - χὰς ἡ - μῶν.
ve thi-a pan-dos so-θi - ne tas psi - has i - - mon

149

187

Ταῖς τῶν δα-κρύ-ων σου ρο-αῖς τῆς ἐ-ρή-μου τὸ ἄγο-νον
Tes ton tha-kri-on soo ro-es tis e-ri-moo to a-go-non

ἐ-γε-ώρ-γη-σας καὶ τοῖς ἐκ βά-θους στε-ναγ-μοῖς εἰς ἑκατὸν τούς
e-ye-or-yi-sas ke tis ek va-thoos ste-nag-mis is e-katon toos

πό-νους ἐ-καρ-πο-φό-ρη-σας καὶ γέ-γο-νας φωστήρ, τῇ
po-noos e-kar-po-fo-ri-sas ke ye-gho-nas fo-stir ti

οἰ-κου-μέ-νη λάμ-πων τοῖς θαύ-μα-σιν Ἰ-ω-ά-ν-νη πα-
i-koo-me-ni. lam-bon tis thav-ma-sin I-o-a-ni pa-

τήρ ἡ-μῶν ὅ-σι-ε· Πρέ-σβευ-ε Χρι-στῷ--τῷ Θε-
tir i-mon-o-si- e Pres-ve-ve Hri-sto----to The-

ῷ σω-θῆ-ναι τὰς ψυ-χὰς ἡ-μῶν.
o so-thi-ne tas psi-has i-mon.

150

Ἀπολυτίκιον Ε. Κυριακῆς τῶν Νηστειῶν.

151

'Απολυτίκιον τοῦ δικαίου Λαζάρου καὶ Κυριακῆς τῶν Βαΐων. Ἴσον -Organ Point

189 Τὴν κοι - νὴν ἀ - νά-στα-σιν πρὸ τοῦ σοῦ πά - θους πι-στού-με-
Tin ki - nin a - na -sta - sin pro too soo pa - thoos pis-too- me-

νος, ἐκ νε - κρῶν ἤ - γει-ρας τὸν Λά - ζα-ρον, Χρι-στὲ ὁ θε-ός.
nos ek ne - kron i - yi - ras ton La - za-ron Hri-ste - o the- os.

ὅ - θεν καὶ ἡ -μεῖς, ὡς οἱ παῖ - δες τὰ τῆς νί-κης σύμβο-λα
o -then ke i -mis os i pe - thes ta tis' ni - kis sim-vo-la

φέ - ρον- τες, σοὶ τῷ νι-κη-τῇ - τοῦ θα-νά -του βο-ῶ-- μεν
fe - ron- des si to ni - ki- ti too tha-na - too vo-o men

Ὠ -σαν-νὰ - ἐν τοῖς ὑ - ψί - στοις εὐ-λο-γη- μέ-νος ὁ ἐρ-χό-με-νος
O -san-na - en tis i - psi - stis ev- lo-vi- me-nos o er-ho-me-nos

ἐν ὀ - νό- μα-τι Κυ - ρί - - - ου.
en o - no - ma-ti Ki - ri - - - - oo.   _ΣΥΝΤΑΦΕΝΤΕΣ ΣΟΙ

190 Συν-τα - φέν - -τες σοι δι-ὰ τοῦ βα -πτί-σμα -τος Χρι - στὲ
Sin - da - fen - - des si thi-a too va -pti- sma -tos Hri - ste

ὁ θε -ός, τῆς ἀ- θα-νά- του ζω-ῆς ἠ -ξι-ώ θη-μεν τῇ ἀ -να-
o the - os tis a - tha-na-too zo-is i - ksi-o -thi-men ti a -na-

στά - - σει σου καὶ ἀ - νυ-μνοῦν- τες κρά-ζο- μεν Ὠ- σαν-
sta - - si soo ke a - nim-noon- des kra-zo -men O-san-

νὰ ἐν τοῖς ὑ -ψί - στοις εὐ - λο - γη- μέ- νος ὁ ερ-χό- με-
na en dis i - psi - stis ev - lo - yi- me - nos o er -ho-me-

νος ἐν ὀ - νό- μα-τι Κυ - ρί - - - - - ου - - -.
nos en o - no - ma-ti Ky - ri - - - - - - oo - - -.

152

ΑΠΟΛΥΤΙΚΙΟΝ ΤΟΥ ΘΩΜΑ

191 Ἐ - σφρα - γι - σμέ - νου τοῦ μνή - μα - τος ἡ ζω - ἡ ἐκ
E - sfra - yi - sme - noo too mni - ma - tos i zo - i ek

τά - φου ἀ - νέ - τει - λας Χρι - στὲ ὁ Θε - ός. καὶ τῶν θυ -
ta - foo a - ne - ti - las Hri - ste - o Θe - os ke ton Θi -

ρῶν κε - κλει - σμέ - - - νων τοῖς μα - θη - ταῖς ἐ - πέ - - στης ἡ
ron ke - kli - sme - - - non tis ma - - Θi - tes e - pe - - stis i

πάν - - των ἀ - νά - στα - σις πνεῦ - μα εὐ - θὲς δι - αὐ - τῶν ἐγκαι
pan - - don a - na - sta - sis pnev - ma ef - Θes thi - af - ton en - ge -

νί - ζων ἡ - μῖν κα - τὰ τὸ μέ - γα σου ἔ - λε - ος.
ni - zon i - min ka - ta to me - gha soo e - le - os.

Ἀπολυτίκιον Ἀναλήψεως.

192 Ἀ - νε - λή - φθης ἐν δό - ξη Χρι - στὲ ὁ Θε - ός - - - ἡ - μῶν
A - ne - lif - ois en tho - ksi Hri - ste o Θe - os - - - i - mon

χα - ρο - ποι - ή - σας τοὺς μα - θη - τὰς τῇ ἐ - παγ - γε - λί - ᾳ τοῦ ἁ -
ha - ro - pi - i - sas toos ma - Θi - tas ti e - pan - ge - li - a too a -

γί - ου Πνεύ - μα - τος βε - βαι - ω - θέν - των αὐ - τῶν δι - ὰ τῆς
yi - oo Pnev - ma - - tos ve - ve - o - Θen - don af - ton thi - a tis

153

'Απολυτίκιον Πεντηκοστῆς.

193

εὐ-λο-γι - - - - ας ὅ-τι σὺ εἶ ὁ Υἱ-ὸς τοῦ θε-οῦ ὁ
ev-lo-yi - - - - as o-ti si i o I-os too θe-oo o

λυ-τρω-τὴς τοῦ κό - - - - -σμου.. Εὐ-λο-γη-τός εἶ Χρι-
li-tro-tis too koz - - - - -moo - - Ev-lo-yi-tos si Hri-

στὲ ὁ θε-ὸς-η-μῶν, ὁ παν-σό- φους τοὺς ἁ-λι-εῖς ἀνα-
ste o θe-os-i-mon o pan-so-foos toos a-li-is a-na-

δεί- -ξας κα-τα-πέμ-ψας αὐ-τοῖς τὸ Πνεῦ-μα το-ἅ-γι-ον
thi- -ksas ka-ta-pem-psas af-tis to Pnev-ma to-a-yi-on

καὶ δι᾽ αὐ-τῶν τὴν οἰ-κου-μέ-νην σα-γη-νεύ- -σας φι-λάν-
ke thi af-ton tin i-koo-me-nin sa-yi-nef- -sas fi-lan-

θρω- πε- δό- ξα- -σοι.
θro- pe- tho- ksa- -si.

154

194

Τῶν ἐν ὅ - λῳ τῷ κό- σμῳ μαρ - τύ - -ρων σου ὡς πορφύ-ραν καὶ
Ton en o - lo to koz- mo mar - ti - - ron soo os por-fi-ran ke

βύσ-σον τὰ αἵ - μα- τα ἡ ἐκ-κλη- σί-α σου στο-λι-σα-μέ - - -
vis-son ta e - ma - - ta i ek- li- si- a soo sto- li -sa-me - - -

νη δι᾽ αὐτῶν βο- ᾷ σοι Χρι-στέ - ὁ θε- ός. τῷ λα- ῷ σου τοὺς
ni thi af-ton vo- a si Hri - ste - o the -os to la - o soo toos

οἱ -κτιρ-μούς σου κα- τά -πεμ - ψον εἰ- ρή - νην τῇ πο-λι -τεί-
ik - tir -moos soo ka - ta-pem- pson i - ri - nin ti po- li -ti-

ᾳ σου δώ - ρη - σαι καὶ ταῖς ψυ-χαῖς ἡ -μῶν τὸ μέ- γα
a soo tho- ri - - se ke tes psi-hes i -mon to me -gha

ἔ - λε - ος.
e - - le - - os.

155

Κοντάκιον. ΓΕΝΕΘΛΙΟΝ ΤΗΣ ΥΠΕΡΑΓΙΑΣ ΘΕΟΤΟΚΟΥ

195 Ἰ -ω -α - κεὶμ καὶ Ἄν- να ὁ -νει-δι -σμοῦ ἀ- τε- κνί - - ας,
I -o-a- kim ke a - na o -ni - thiz- moo a - tek- ni - - -as

καὶ Ἀ -δὰμ καὶ Εὔ- α ἐκ τῆς φθο- ρᾶς τοῦ θα-νά - - -του
ke A- tham ke Ev - a ek tis fθo -ras too θa-na - — too

ἠ -λευ-θε-ρώ- θη-σαν, ἄ - χραν-τε, ἐν τῇ ἀ -γί-ᾳ γεν-νή - -σει σου.
i - lef-θe-ro - θi-san a - hran- de en ti a - yi- a ye-ni - si soo

αὐ-τὴν ἑ- ορ-τά- ζει καὶ ὁ λα-ός - - σου, ἐ-νο-χῆς τῶν πταισ-
af -tin e -or-ta - zi ke o la- os- - - soo e-no -his ton ptes-

μά-των λυ-τρω-θεὶς ἐν τῷ κρά- ζειν σοι. Ἡ στεῖ-ρα τί-κτει τὴν
ma -ton li- tro- θis en do kra - zin si I sti- ra ti- kti tin

θε -ο-τό - κον καὶ τρο- φὸν τῆς ζω- ῆς ἡ - μῶν.
θe -o-to - kon ke tro- fon tis zo - is i - mon.

Κοντάκιον. Ὕψωσις τοῦ Τιμίου Σταυροῦ.

196

Ὁ ὑ-ψω-θεὶς ἐν- τῷ Σταυ-ρῷ— — ἑ- κου-σί-ως, τῇ ἐ-πω-νύ-
O i-pso-this- en- dom stav-ro— — — e- koo-si-os, ti e-po-ni-

μω— σου και-νῇ — -πο— λι-τεί-ᾳ, τοὺς οἰκτιρμούς σου δώ-ρη-σαι Χρι-
mo- soo ke-ni — -po— li-ti- a toos ik-tir-moos soo tho- ri- se Hri-

στὲ ὁ θε-ός· εὐ-φρα-νον- ἐν τῇ δυ-νά— μει- σου τοὺς πι-στούς-
ste o the -os e-fra-non- en ti thi-na- mi- soo toos pi-stoos —

βα — σι-λεῖς ἡ -μῶν νί-κας χο- ρη -γῶν- αὐ- τοῖς κα-τὰ τῶν
va - -si-lis i - mon ni-kas ho- ri -ghon- af- tis ka- ta ton

πο- λε- μί — — — -ων.Τὴν συμ- μα-χί-αν ἔ- χοι -εν τὴν σὴν.
po- le- mi - - - - -on Tin si- ma-hi-an e- hi- en tin sin

Ὅ -πλον εἰ-ρή — νης, ἀ- ήτ-τη-τον τρό - παι- ον.,
op- lon i- ri — nis a- i- ti- ton tro- pe- on.

157

Κοντάκιον, Χριστουγέννων.

197 Ἡ Παρ–θέ – νος σή – – με – ρον τὸν προ – αι–
Ἡ Παρ–θέ – νος σή – με – ρον τὸν ὑ – πε–

ω΄ – νι – ον Λό– – – – – γον εν σπη –
ρού –σι – ον τί – – – – – – κτει καὶ ἡ

λαι΄ – ῳ ἔρ – χε – ται ἀ – πο – τε – κεῖν ἀ – πορ–
γῆ – τὸ σπή – λαι – ον τῷ ἀ – προ – σί – τῳ προ–

ρη΄ – – – – – – – τως χό – ρευ – ε ἡ οἰ –κου–
σά – – – – – – – γει Ἄγ – γε – λοι με – τὰ ποι–

μέ – – – – – νη ἀ – κου–τι–σθεῖ – – – – – σα
μέ – – – – – ναν δο – ξο –λο– γοῦ – – – – – σι

δό΄ – ξα –σον με – τὰ ἀγ – γέ΄ – λων καὶ τῶν ποι–
Μά΄ – γοι δὲ με – τὰ ἀ – στέ – ρος ὁ – δοι – πο–

μέ – – – – – ναν βου–λη – θέν–τα ἐ –πο – φθῆ – ναι
ροῦ – – – σι Δι᾽ ἡ – μᾶς γὰρ ἐ – γεν– νή – θη

παι–δί΄ – ον νέ΄ – – ον τῶν προ–αι– ω΄ – ναν θε–
παι– δί – ον νέ – ον ὁ προ–αι– ω΄ – ναν θε–

ον
ος

Κοντάκιον, Ἁγίου Βασιλείου.

198 Ὁ τῶν ὅ – – – λων Κύ – – ρι – ος πε – ρι – το–
Ο ton o – – – lon Ky – – ri – os pe – ri – to–

μήν ὑ – πο – μέ΄ – – – – – – νει καὶ βρο –τῶν – τὰ
miin i – po – – me – – – – – – nei ke vro – ton ta

156

πται - σμα - τα ὡς α - γα - θὸς πε - ρι - τέ -
ptes - - ma - ta os a -gha - θos pe - ri - te - - - -

μνει Δί - δω - σι τὴν σω-τη - ρί - - - - -
mni Thi - tho - si tin so - ti - ri - - - - - -

αν σή - με - ρον κο - - - - - σμω. Χαί - ρει
an si - me - ron koz - - - - - mo. He - - - ri

δὲ ἐν τοῖς ὑ - ψί - στοις καὶ ὁ τοῦ κτί - -
the en dis i - psi - stis ke o too kti - - -

ι - - στου ι - ε - ράρ-χης καὶ φω- σφό - ρος ὁ θεῖ-ος
- - - - stoo i - e - rar -his ke fo - sfo - ros o θi -os

μύ - - - στης Χρι - στοῦ Βα - σί - - - λει - - ος. ος.
mi - - - stis Hri - stoo Va - si - - - li - - - os. os.

Κοντάκιον ΘΕΟΦΑΝΕΙΩΝ.

199   Ἐν τοῖς ρεί - θροις σή - - με - ρον τοῦ Ἰ - ορ-
       Ἐ - πε - φά - νης σή - - με - ρον τῇ οἰ-κου-

δά - - - - - - - - νου γε - γο - νώς - ο Κύ - ρι-
μέ - - - - - - - - νη καὶ τὸ φῶς - σου Κύ - ρι-

ος τῷ Ἰ - ω - άν - νη ἔκ-βο - ᾷ. Μὴ δει-λι-
ε   ᾿ε - ση-μει - ώ - θη ἐφ᾽ ἡ - μᾶς ἐν ἐ-πι-

ά - σης βα - πτί - σαι με σῶ - - σαι γὰρ ἥ - - κω
γνώ - σει ὑ - - μνοῦν-τας σε.   ἦλ - - θες ἐ - φα - νης

- Ἀ - δὰμ - τὸν πρω - τό - - πλα - - στον.
- το φῶς τὸ ᾿α - πρό - - σι - - τον.

159

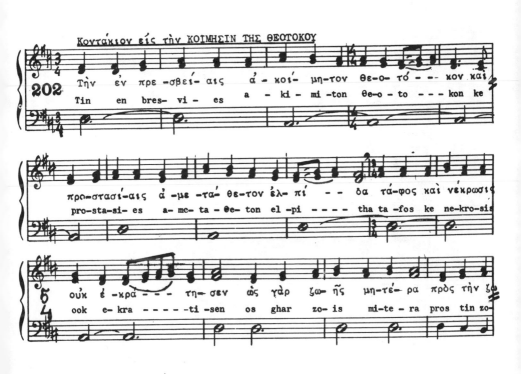

ἣν με-τέ-στη-σεν ὁ μή --- τραν οἰ-κή-σας
in me-te-sti-sen o mi-----tran i-ki-sas

5
4
ἀ-ει-πάρ-θε-νον --------
a-i-par-θe-non --------

Κοντάκιον ΚΥΡΙΑΚΗΣ τῶν ΒΑΙΩΝ.

203
Τῷ θρό-νῳ ἐν οὐ-ρα-νῷ-τῷ πώ-
To θro-no en oo-ra-no to po-

λῳ ἐ-πὶ τῆς γῆς ἐ-πο-χού-με-νος Χριστὲ-ὁ θε-
le e-pi tis ghis e-po-hoo-me-nos Hri-ste-o θe-

ός. τῶν ἀγ-γέ-λων τὴν αἴ-νε-σιν καὶ τῶν παι-
os ton an-ge-lon tin e-ne-sin ke ton be-

δαν ἀ-νύ-μνη-σιν προ-σε-δέ-ξω βο-ών-των Σοι·
thon a-nim-ni-sin pro-se-the-kso vo-on-don si.

Εὐ-λο-γη-μέ-νος ὁ ἐρ-χό-με-νος
Ev-lo-yi-me-nos o er-ho---me--nos

τὸν Ἀ-δὰμ ἀ-να-κα-λε-σα-σθαι--
ton A--tham a-na-ka-le---sas--θe---.

162

Κοντάκιον ΑΝΑΛΗΨΕΩΣ.

204

Την υ - περ η - μων πλη - ρω - σας οι - κο - νο -
Tin i - per i - mon pli - ro - sas i - ko - no - -

μι - - - - - - αν και τα ε - πι γης ε - νω - σας τοις
mi - - - - - - - an ke ta e - pi ghis e - no - sas tis

ου - ρα - νι - - - οις α - νε - λη - φθης εν
oo - - ra - - - - ni - - - - - is a - ne - lif - - θis en

δο - ξη Χρι - στε ο θε - ος η - μων ου - δα -
tho - ksi Hri - ste o θe - os i - - - mon oo - tha -

μο - θεν χω - ρι - ζο - με - νος αλ - λα με - νων α - δι - α -στα-
mo - θen ho - ri - zo - me - nos a - la me -non a - thi - a -sta-

τος και βο - ων τοις α - γα - πω - σι - Σε
tos ke vo - on tis a - gha - - po - si - - se

ε - γω ει - μι - μεθ η - μων και ου - δεις
e - gho i - mi - meθ i - mon ke oo -this

καθ υ - μων - - - - - - .
kaθ i - mon. - - - - - - - - -

Κοντάκιον ΠΕΝΤΗΚΟΣΤΗΣ.

205

Ο - τε κα -τα - βας τας γλωσ- σας συ - νε - χε -
O - te ka - ta - -vas tas glo - sas si - ne - he -

ε δι - ε - με - ρι - ζεν ε - θνη ο - υ -
e thi - e - me - ri - zen eθ - ni o - - i - -

ρ ψι - - στος, ο - τε του πυ - ρος τας γλωσ- σας δι - ε -νει-
psi - - stos o - te too pi - ros tas glo - sas thi - e - ni-

163

μεν εἰς ἐ - νό - τη - τα πάν - τας ἐ - κά -
men is e - no - ti - ta pan - das e - ka -

λε - σε καὶ συμ - φώ - νως δο - ξά - ζο -
le - se ke sim - fo - nos tho -ksa zo -

μεν τὸ πα - νά - γι - ον Πνεῦ - μα.
men to pa - na - yi -on Pnev - ma.

Κοντάκιον ΚΥΡΙΑΚΗΣ τῶν ΑΓΙΩΝ ΠΑΝΤΩΝ.

206

῾Ως ἀ - παρ - χὰς τῆς φύ - σε - ως τῷ φυ-τουρ-γῷ -
Os a - par - has tis fi - se - os to fi - toor- gho -

τῆς κτί - σε - ως ἡ οἰ - κου - μέ - νη προ-σφέ -
tis - kti - se - os i i - koo -me - ni pros-fe-

ρει Σοι Κύ - ρι - ε τοὺς θε - ο - φό - ρους Μάρ -
ri si Ky - ri - e toos The - o - fo - roos Mar -

τυ - ρας ταῖς αὐ-τῶν - ἱ - κε - σί - αις ἐν εἰ -
ti - ras tes af -ton - i - ke -si - es en -

ρή - νη βα - θεί - ᾳ τὴν Ἐκ -κλη-σί - αν Σου δι-ὰ - τῆς
ri - ni va -thi - a tin E -kli -si - an soo thi-a - tis

θε - ο - τό - κου συν- τή - ρη - σον πο-λυ-έ -
The - o - to - koo sin -di - ri - son po-li-e -

λε - ε.
le - e.

πται - σμα - τα ως α - γα - θος πε - ρι - τέ - - - -
ptes - - ma - ta os a - gha - θos pe - ri - te - - - -

μνει Δι - δω - σι την σω - τη - ρί - - - - - -
mni Thi - tho - si tin so - ti - ri - - - - - -

αν ση - με - ρον κο - - - - - - - σμω. Χαί - ρει
an si - me - ron koz - - - - - - - mo. He - - - ri

δε εν τοῖς ὑ - ψί - στοις καὶ ὁ τοῦ κτι - -
the en dis i - psi - stis ke o too kti - - -

ι - - στου ι - ε - ράρ-χης καὶ φω - σφό - ρος ὁ θεῖ-ος
- - - - stoo i - - e - rar -his ke fo - sfo - ros o θi -os

μύ - - - στης Χρι - στοῦ Βα - - σί - - - λει - - ὸς. ος.
mi - - - stis Hri - stoo Va - si - - - li - - os. os.

Κοντάκιον ΘΕΟΦΑΝΕΙΩΝ.

199 'Εν τοῖς ρεί - θροις ση - - με - ρον τοῦ 'Ι - ορ-
'Ε - πε - φά - νης ση - - με - ρον τῇ οἰ-κου-

δά - - - - - - - νου γε - γο - νώς - ο Κύ - - ρι-
μέ - - - - - - - - νη καὶ τὸ φῶς - σου Κύ - ρι-

ος τῷ 'Ι - ω - άν - νη έκ- βο - ᾷ. Μή δει-λι-
ε 'ε - ση -μει - ώ - θη έφ' ἡ - μᾶς έν ε - πι-

ά - σης βα - πτί - σαι με σῶ - - σαι γὰρ ἤ - - κω
γνώ - σει ὑ - - μνοῦν-τας σε. ἦλ - - θες έ- φα - νης

- 'Α - δὰμ - τὸν πρω - τό - - πλα - - στον.
- τὸ φῶς τὸ ἀ - πρό - - σι - - τον.

159

Κοντάκιον, ΥΠΑΠΑΝΤΗΣ.   "Ισον - Organ Point MI

200 Ὁ μή -τραν παρ- θε - νι -κὴν ἁ - γι -α - σας τῷ τό - κω
O mi - tran par - the - ni -kin a - yi -a - sas to to - kó

Σου καὶ χεῖ - ρας τοῦ Συ - με - ὼν εὐ - λο - γή - - - -
soo ke hi - ras too Si - me - on ev - lo - yi - - - -

σας ὡς ἔ -πρε - πε, προ - φθά -σας καὶ νῦν ἔ - σω -σας ἡ-
sas os e - -pre - pe prof - tha -sas ke nin e - so -sas i-

μᾶς Χρι - στὲ ὁ θε - ός. Ἀλλ' εἰ - ρή - - - νευ -σον
mas Hri - ste o the - os Al i - ri - - - nef -son

ἐν πο - λέ - μοις τὸ πο-λί -τευ - μα καὶ κρα-ται - - ω -σον
en bo - le - mis to po -li -tev - ma ke kra - te - - o -son

βα-σι - λεῖς - οὕς ἠ - γά - πη - σας ὁ μό - νος φι-
va - si - lis oos i - gha -pi - sas o mo - nos fi-

λάν - θρω - - - - πος.
lan - - thro - - - - - - pos.

Κοντάκιον, ΜΕΤΑΜΟΡΦΩΣΕΩΣ.

201 Ἐ - πὶ τοῦ ὄ - - - ρους με - τε -μορ -φώ - - θης καὶ
E - pi too o - - - roos me - te -mor - fo - - - this ke

ὡς ἐ - χώ - ρουν οἱ μα -θη -ταί Σου τὴν δό - ξαν Σου Χρι-
os e - ho - roon i ma -thi - te soo tin tho -ksan soo Hri-

στὲ ὁ θε - ός - - - ἐ - θε - ά - σαν -το. Ἵ - να
ste o the - os - - - - e - - the - a - san -do I - na

ὅ - ταν Σε ἴ -δω -σι σταυ- ρού - με -νον τὸ μὲν πα-
o - tan se i -tho - si stav - roo - me - non to men pa-

160

Μεγαλυνάριον, ΧΡΙΣΤΟΥΓΕΝΝΩΝ Ἴσον –Organ Point ΜΙ

210

Με - γά-λυ-νον ψυ-χή – μου, – τὴν τι- μι- ω- τέ - ραν
Me - gha-li -non psi-hi – -moo - - tin ti- mi -o- te - - ran

κα ἐν -δο- ξο-τέ - - ραν τῶν ἄ - νω στρα -τευ- μά - των.
ke en-tho -kso-te - - - - ran ton a - no stra - tev -ma- ton.

Μυ - στή - ρι-ον - ξέ - - νον ὁ -ρῶ καὶ πα - ρα- δο -ξον
Mi - sti - ri -on - kse - - - non o -ro ke pa - ra- tho-kson.

οὐ - ρα - νὸν τὸ- σπή- λαι- ον· θρό-νον χε -ρου- βι- κὸν τὴν Παρ-
oo - ra - non to-spi - le - - on θro -non he -roo - vi- kon tin par-

θέ - - - νον τὴν φά - τνην χω - ρι - - ον· ἐν ᾧ - ἀ -νε-
θe - - - -'noh tin fat - nin ho - ri - - on en o - a -ne-

κλί- θη ὁ ἀ - χώ - ρη - τος Χρι - στός- ὁ θε - ός,
kli -θi o a - ho - ri - tos Hri - stos o θe - os

ὃν ἀ - νυ -μνοῦν- τες- με - γα - λύ - νο -με ε - - εν.
on a - nim- noon - des me - gha - li - no - me - - - - - en.

Ἕτερον Μεγαλυνάριον ΧΡΙΣΤΟΥΓΕΝΝΩΝ Ἴσον –Organ Point ΜΙ

211

Μά - γοι καὶ ποι - μέ - νες - ἦλ -θον προ-σκυ-νῆ - σαι Χρι-
Ma - ghi ke pi - me - nes il -θon pro-ski -ni - se Hri-

στον τὸν γεν-νη- θέν- τα ἐν Βη -θλε - ἐμ τῇ πό- λει.
ston ton ye - ni - θen- da en Vi -θle - em ti po - - li

Στέρ - γειν μὲν ἡ - μᾶς- ὡς α -κίν- δυ-νον φό- βῳ,
Ster - yin men i - mas - os a -kin - thi-non fo - vo

Ρᾷ-ον σι - ω -πὴν, τῷ πό - θῳ δὲ - Παρ-θέ - - νε,
Ra - on si - o - pin to po - θo the - Par - θe - - - ne

168

υ - μνους ὑ - φαί - νειν συν -τό - νως τε -θηγ- μέ - νους ἑρ-
im - noos i - - fe - nin sin - do - nos te - θig - me -- noos er-

γῶ - δές ἐ - στιν ἀλ - λὰ καὶ- μή - τηρ σθέ - νος,
gho - thes e - stin a - la ke - mi - tir see - nos

ὁ - ση πέ - φυ - κεν ἡ προ- αί - ρε - σις δί - δου -
o - si pe - fi - ken i pro - e - re - sis thi - thoo --.

Μεγαλυνάριον ΘΕΟΦΑΝΕΙΟΝ Ἴσον –Organ Point ΜΙ

212 Με -γά-λυ- νον ψυ - χή - μου τὴν τι - μι- ω -τέ - - ραν τῶν
Me - gha - li - non psi - hi - moo tin ti - mi - o - te - - ran ton

ἄ - νω στρα- τευ - μά - - των. Ἀ -πο - ρεῖ πᾶ - σα γλῶσ-
a - no stra - tev - ma - - ton A - po - ri pa - sa glo -

σα εὐ -φη - μεῖν- πρὸς ἀ- ξί - - αν· ἰ -λιγ-γι-ᾷ δὲ
sa e - fi - min - pros a - ksi - an i - lin-gi-a the

νοῦς καὶ ὑ -περ - κό -σμι- ος ὑ - μνεῖν σε θε - ο -
noos ke i - per - koz mi - os im - nin se θe - o -

τό - κε. ὅ -μως ἀ - γα-θὴ ὑ - πάρ-χου - σα τὴν
to - ke o -mos a - gha-θi i - par - hoo - sa tin

πί - στιν δέ - χου· καὶ γὰρ τὸν πό -θον οἶ - δας τὸν
bi - stin the - hooo ke ghar ton po - θon i - thas ton

ἔν -θε - ον ἡ - μῶν· σὺ γὰρ Χρι - στι - α -νῶν ἡ προ-
en -θe - on i - mon si ghar Hri - sti - a - non i pro -

στά - - τις, σὲ - με - γα - λύ - νο - με ε εν.
sta - - - - tis se - me - gha - li - no - men - - - - -.

Ἕτερον Μεγαλυνάριον ΘΕΟΦΑΝΕΙΩΝ

213 Σή -με -ρον ὁ δεσ-πό - - -της κλί-νει τὸν αὐ -χέ - να χει-
Si - me - ron o thes-po - - - tis kli -ni ton af -he - na hi-

ρὶ τῇ τοῦ - - Προ- δρό - μου. Ὦ τῶν ὑ -πὲρ νοῦν τοῦ
ri ti too - - Pro-thro - moo. O ton i -per noon too

τό -κου σου θαυ- μά - - - των Νύμ- φη πά - ναγ- νε μῆ-τερ
to -koo soo θav- ma - - - - ton Nim- fi pa -nag- ne mi-ter

εὐ- λο - - γη - μέ - νη. Δι᾽ ἧς τυ -χόν - - -τες παν-τε-λοῦς σωτη-
ev- lo - - - yi - me - ni Thi -is ti -hon - - - -des pan-de -loos so-ti-

ρί - - - ας ἐ- πά -ξι- ον κρο-τοῦ - μεν ὡς εὐ - ερ-γέ - τη
ri - - - as e- pa -ksi- on kro-too - men os e - ver-ye - ti

δῶ- ρον φέ-ρον -τες ὕ -μνον εὐ -χα - ρι-στί - - - α- α- ας.
tho-ron fe -ron - des im-non ef -ha - ri-sti - - - as - - - -.

171

Μεγαλυνάριον ΜΕΤΑΜΟΡΦΩΣΕΩΣ

216 Νῦν τὰ ἀ-νή-κου-στα ἠ-κού----σθη-, ὃ ἀ-πά-
Nin ta a-ni-koo-sta i-koo----sθi o a-pa-

τωρ---γὰρ Υἱ-ὸς ἐκ τῆς Παρ-θέ-νου τῇ πα-τρώ-ᾳ
tor---ghar I--os ek tis Par-θe-noo ti pa-tro-a

φω-νῇ ἐν-δό----ξως μαρ-τυ-ρεῖ----ται οἷ-α θε-
fo--ni en-tho----ksos mar-ti-ri----te i-a θe-

ὸς καὶ ἄν-θρω-πος ὁ αὐ-τὸς εἰς τοὺς αἰ-ῶ-νας.
os ke an-θro-pos o af-tos is toos e-o----nas.

Μεγαλυνάριον, ΚΟΙΜΗΣΙΣ ΤΗΣ ΥΠΕΡΑΓΙΑΣ ΘΕΟΤΟΚΟΥ Ἴσον-Organ Point ΜΙ

217 Αἱ γε-νε-αῖ πᾶ---σαι μα-κα-ρί-ζο-μέν σε τὴν
E ye-ne-e pa---se ma-ka-ri-zo-men se tin

μό-νην θε-ο-τό-κον Νε-νί-κην-ται τῆς φύ-σε-
mo-nin θe-o-to-kon Ne-ni-kin-de tis fi-se-

ως οἱ ὅ-ροι ἐν σοί, Παρ-θέ-νε ἄ-χραν-τε. παρ-θε-
os i o-ri en si Par-θe-ne a-hran-de. Par-θe-

νεύ-ει γὰρ τό-κος καὶ ζω-ὴν προ-μνη-στεύ-
ne-vi ghar to-kos ke zo-in pro-mni-ste--

173

νος ἐν ὀ-νό-μα-τι Κυ-ρί-ου Σω-τῆ-ρος ἡ-μῶν.
nos en o-no-ma-ti Ky-ri-oo So-ti-ros i-mon.

Μεγαλυνάριον ΑΝΑΛΗΨΕΩΣ "Ισον-Organ Point ΚΕ·

219

Σε-τὴν-ὑ--πὲρ--νοῦν καὶ λό---γον μη-
Se-tin-i---per---noon ke lo---ghon mi-

τε---ρα θε-οῦ, τὴν ἐν-χρό-νῳ τὸν ἀ-χρο-
te----ra Theo-oo tin en-hro-no ton a---hro-

νον ἀ-φρά----στως κυ-ή-σα-σαν, οἱ πι-στοὶ ὀμο-
non a-fra----stos ki-i-sa--san i pi-sti o-mo-

φρό-νως με---γα-λύ--νο-μεν--.
fro----nos me----gha-li----no-men---.

Μεγαλυνάριον ΠΕΝΤΗΚΟΣΤΗΣ "Ισον-Organ Point FA

220

Μὴ τῆς φθο-ρᾶς δι-α-πεί-ρα-κυ-ο-φο-ρή-σα-σα καὶ
Mi tis ftho-ras thi-a-pi-ra-ki-o-fo-ri-sa-sa ke

παν-τε-χνη-μο-νι λό--γῳ σάρ-κα-δα-νεί-σα-σα,
pan-de-hni-mo-ni lo--gho sar--ka-tha-ni-sa-sa,

Μῆ-τερ ἀ-πεί-ραν-δρε παρ-θέ-νε θε-ο-τό--κε δο-χεῖ-ον
Mi-ter a-pi-ran thre par-the-ne theo-to--ke tho-hi-on

τοῦ ἀ-στέ---κτου χω-ρί-ον τοῦ ἀ-πεί-ρου πλα-στουρ-
too a-stek-----too ho-ri-on too a-pi-roo pla-stoor-

γοῦ---σου Σὲ---με-γα-λύ-νο-μεν.
ghoo----soo Se---me--gha-li--no-men.

ΚΟΙΝΩΝΙΚΟΝ.

224 Γεύ - σα - σθε - καὶ - ἴ - δε - τε ὅ - τι χρη - στὸς ὅ-τι χρη - στὸς ὁ - Κύ - ρι - ος. Ἀλληλούϊα, Ἀλληλούϊα, Ἀλληλούϊα.

Ἀντὶ τοῦ ΕΙΔΟΜΕΝ ΤΟ ΦΩΣ. *Ἴσον–Organ Point BI♭

225 Εὐ - λο - γή - σω τὸν Κύ - ρι - ον ἐν παν - τὶ και - ρῷ δι-
ὰ παν - τὸς ἡ αἴ - νε - σις αὐ - τοῦ ἐν τῷ στό - μα - τί - μου.
ἄρ - τον οὐ - ρά - νι - ον καὶ πο - τή - ρι - ον ζω - ῆς
γεύ - σα - σθε καὶ ἴ - δε - τε ὅ - τι χρη - στὸς ὁ Κύ - ρι - ος.
Ἀλ-λη-λού-ϊ-α, Ἀλ - λη - λού-ϊ-α, Ἀλ - λη - λού - ϊ - α.

178

185

πα-θο-χου-με-νος πα-νη-γυ-ρι-ζε-τω δε ά-
ba-tho-hoo-me-nos pa-ni-yi-ri-ze-to the a-

ύ-λων νό-αν-φύ-σις, γε-ραί-ρου-
i-lon no-on-fi-sis ye-re-roo-

σα τὴν ί-ε-ράν πα-νή-γυ-ριν τῆς θε-ο-μή-το-
sa tin i-e-ran pa-ni-yi-rin tis θe-o-mi-to-

ρος καὶ βο-ά-τω· χαί-ροις παμ-μα-κα-ρι-στε-
ros ke vo-a-to he-ris pa-ma-ka-ri-ste-

θε-ο-τό-κε, ά-γνὴ, ά-ει-πάρ-θε-νε.
θe-o-to-ke ag-ni a-i-par-θe-ne.

236 Τῇ ύ-περ-μά-χῳ στρα-τη-γῷ-τὰ νι-κη-τή-
Ti i per-ma-ho stra-ti-gho-ta ni-ki-ti-

186

229 Τοὺς σοὺς — — ὑ -μνο- λό - γους θε- ο - τό - κε ὡς
Toos soos — — im- no - lo - -ghoos θe- o - to - - ke os

ζῶ — — σα καὶ ἄ - - φθο -νος πη -γὴ θί - α -σον συγ-κρο-
zo — — - - sa ke af - - θo- nos pi - ghi θi -a - son sin-gro-

τή - σαν -τας πνευ-μα - τι - κὸν - στε - ρέ - ω - σον
ti - san -das pnev- ma - ti - kon - ste - re — — o — son

_ καὶ ἐν τῇ θεί - ᾳ δό- ξη σου στε-φά-νων δό -ξης ἄ-ξι-ω-σον
ke en di θi - a tho-ksi soo ste-fa-non tho-ksis a-ksi-o-son.

230 Ὁ κα-θή - με-νος ἐν δό - - - - ξῃ ἐ - πὶ θρό - - -
O ka -θi- me -nos en tho - - - - ksi e - pi θro - - -

νου θε-ό - τη -τος ἐν νε-φέ - λῃ κου - - - - φῃ,
noo θe- o - - ti -tos en ne-fe - li koo - - - - - fi

181

ἦλ – θεν Ἰ – η – σοῦς – – ὁ ὑ – πέρ – θε – ος – τῇ ά – κη –
il – then I – i – soos – o i – per – the – os – ti a – ki –

ρά – τω πα – λά – μη και δι – έ – – σω – σε τους κραυ –
ra – to pa – la – mi ke thi – e – – – – so – – – se toos krav –

γά – ζον – – – τας δο – ξα Χρι – στε – – τῇ δυ – νά – μει – σου.
gha – zon – – – das tho – ksa Hri – ste – – – ti thi – na – mi soo.

231 Ἐ – ξέ – στη τὰ σύμ – παν – τα ἐ – πὶ τῇ θεί – α δό – ξη σου
E – kses – ti ta sim – ban – ta e – pi ti thi – a tho – ksi soo

σὺ – – – γὰρ ἀ – πει – ρό – γα – – με – Παρ – θέ – – – νε.
si – – – – ghar a – –pi – ro – gha – me – – Par – the – – – ne.

ἔ – σχες ἐν μή – τρα τῶν ἐ – πὶ πάν – των θε – ον
es – hes en mi – – tra ton e – – pi pan – – don the – on

182

233

Oὐκ ἐ- λά- τρευ - - - σαν τῇ κτί - σει οἱ θε -ό- φρο-
OOK e- la- tref - - - - san ti kti - - si i the-o- fro-

νες πα- ρὰ τὸν κτί- σαν- τα ἀλ-λὰ πυ- ρὸς- ἀ -πει-λὴν ἀν-
nes pa -ra ton kti- san- da a- la pi-ros- a- pi- lin an-

δρεί- ως πα- τή- σαν-τες χαί- - - ρον-τες ἔ- -ψαλ- λον
thri- os pa -ti- san-des he - - - - ron-des e - - psa- lon

ὑ- περ- ὑ - - - - μνη- τε ὁ τῶν πα- τέ- ρων Κύ- ρι- ος
i- per i - - - - mni- te o ton ba- te- ron Ky - ri - os

και θε- ὸς εὐ - λο- γη- τός - - - εἶ.
ke The- os ev - - lo- ghi- tos - - - - i.

234

Παῖ - - δας εὐ -α- γεῖς ἐν τῇ κα-μί- νῳ ὁ τό-
Pe - - - - - thas e - va- yis en di ka -mi- no o to-

κος τῆς θε - ο - τό - κου δι - ε - σώ - σα - το το - τε μὲν τυ-
kos tis the - o - to - koo thi - e - so - sa - to to - te men ti-

ποῦ - με - - - - νος νῦν δὲ ἐ - νερ - γου - με - - - - - νος τὴν
poo - me - - - - nos nin the e - ner - ghoo - me - - - - - nos tin

οἰ - κου - μέ - νην ἅ - πα - σαν ἄ - γει - ρει ψάλ - λου - σαν τὸν
i - koo - me - nin a - pa - san a - yi - ri psa - loo - san ton

Κύ - ρι - ον ὑ - μνεῖ - τε τὰ ἔρ - γα καὶ ὑ - περ - υ -
Ky - ri - on im - ni - te ta - er - ga ke i - pe - ri

ψοῦ - - - - τε εἰς πάν - τας τοὺς αἰ - ῶ - νας.
psoo - - - - te is pan - das toos e - o - - nas.

Ἅ - πας γη - γε - νὴς σκιρ - τά - τω τὸ πνεύ - μα - τι - λαμ-
A - pas yi - ye - nis skir - ta - to to pnev - - ma - ti - lam-

235

185

πα -δο -χού - με - νος   πα - νη - γυ - ρι - ζέ - τω   δε ά -
ba -tho -hoo - me - nos   pa - ni - yi - ri - ze - to   the a -

ύ - λων νό - - - - ων - φύ - - - σις, γε -ραί - ρου-
i - lon no - - - - on - fi - - - sis ye -re - roo-

σα τὴν ἱ - ε - ρὰν πα -νή - γυ - ριν τῆς θε - ο -μή - το -
sa tin i - e - ran pa - ni -yi - rin tis θe - o -mi - to -

ρος καὶ βο - ά - - - - τω· χαίροις παμ-μα-κά - ρι - στε-
ros ke vo - a - - - - to   he - ris pa -ma-ka - ri - ste-

θε - ο -τό - - - κε, ά - γνὴ, ά - ει - πάρ -θε - νε.
θe - o -to - - - ke   ag - -ni a - i - par -θe - ne.

236 Τῇ ὑ -περ-μά - χῳ στρα - τη - γῷ - τὰ νι -κη-τή-
Ti i per-ma - - -ho stra - ti - gho - ta ni -ki -ti-

237 Χαῖ - ρε νύμ - - - - - - φη ά - νύμ - - - - - - - φευ - - - τε.
He - - re nim - - - - fi a - nim - - - - - - - - fef - - - te.

238 ᾽Αλ - λη - λού - - - - - ι ᾽Αλ - λη - λού - - - - - ι - - - α.
Al - li - loo - - - - - - i Al - li - loo - - - - - i - - - a.

ΤΗΝ ΩΡΑΙΟΤΗΤΑ

239 Τὴν ὡ - ραι - ό - τη - τα - - - - τῆς παρ-θε - νί -
Καὶ τὸ ὑ - πέρ-λαμ - προν - - - - τὸ τῆς ἁ - γνεί -

ας σου ὁ Γα - βρι - ὴλ κα - τα - πλα - γεὶς ἐ -
ας σου o gha - vri - il ka - ta - pla - yis e -

βό - - α σοι θε - ο - τό - κε ποῖ - ον σοι ἐγ-
vo - - a si the - o - to - ke pi - on si en-

188

240

'Αλ — — — λη — — — λού — ι — — — α
Al — — — li — — — loo — i — — — a
ά — — λη — — — λού — — — ι — — α.
a — — li — — — loo — — — i — — a.

repeat 4 π.

'Ι — δοὺ ὁ νυμ- φί- ος ἔρ-χε-ται ἐν τῷ μέ-σῳ τῆς νυ-κτός.
I — thoo o nim- fi- os er- he- te en do me- so tis nik- tos.

καὶ μα-κά- ρι-ος ὁ δοῦ — — λος ὅν εὑ-ρή-σει γρηγο-ρούν —
ke ma- ka- ri- os o thoo — — los on ev- ri- si ghri-gho-roon—

τα. ἀ-νά- ξι-ος δὲ πά — — λιν ὅν εὑ-ρήσει ραθυ-μοῦν — —
da a- na- ksi -os the pa — — lin on ev-ri-si ra-θi -moon— —

τα. Βλέ-πε οὖν ψυ-χή — — μου μὴ τῷ ὕ — πνῳ κα-τε-νεχθῆς ἵνα
da Vle-pe oon psi-hi — —moo mi to i — — pno ka- te- neh-θis i-na

μὴ τῷ θα-νά — τῳ πα — ρα-δο-θῇς καὶ τῆς βα-σι — λεί-ας
mi to θa- na — — to pa — ra-tho-θis ke tis va-si — li- as

ε — — ξω κλει-σθῇς ἀλ-λὰ ἀ-νά — νη ψον κρά- ζου- σα
e — — kso klis-θis al- la a- na — ni-pson kra- zoo- sa

ἅ — γι-ος, ἅ-γι- ος, ἅ-γι- ος εἶ ὁ θε- ός — ἡ —
a — yi-os a -yi- os a — yi-os i o θe- os-i — —

μῶν προ-στα-σί -αις τῶν ἀ-σω-μά — — των σῶ-σον ἡ — μᾶς.
mon pro-sta- si- es ton a-so- ma — — ton so-son i — mas.

Τῇ Μ. Τρίτῃ πρεσβείαις τοῦ Προδρόμου σῶσον ἡμᾶς· τῇ Μ.
Τετάρτῃ δυνάμει τοῦ Σταυροῦ σου σῶσον ἡμᾶς.

190

ΤΟΝ ΝΥΜΦΩΝΑ ΣΟΥ

241

Τὸν νυμ- φῶ- να σου βλέ- πω -----
Ton nim- fo- na soo vle- po -----

Σω- τήρ μου κε- κο - - - σμη- μέ - - - νον καὶ ἔν-δυ- μα οὐκ
SO- tir moo ke- koz - - - mi- me - - - non ke en-thi-ma ook

ἔ - - χω - - - - - - - - - ἵ - να εἰ-σελ- -θω ἐν αὐ- τῷ.
e - ho - - - - - - - - - i - na i- sel- -θo en af - -to

λάμ- πρυ- νον - - - μου τὴν στο- λήν - - τῆς ψυ-χῆς
lam- bri- non - - - - - moo tin- sto- lin - - - tis psi- his

φω- το- δό- τα - - - καὶ σῶ - - - - - σόν με.

ΚΥΡΙΕ Η ΕΝ ΠΟΛΛΑΙΣ ΑΜΑΡΤΙΑΙΣ   Ἰωάννου Σακελλαρίδου.

242

Δό - - - ξα Πα - - - τρὶ καὶ Υἱ - - ῷ καὶ ἁ-
Tho - - - ksa Pa - - - tri ke I - - - o ke a-

γί - ῳ Πνεύ - - - - - - - μα - - - - - - - τι, καὶ
yi - -o Pnev - - - - - - - - ma - - - - - - - ti- ke

νῦν - καὶ ἀ - - - εἰ καὶ εἰς τοὺς αἰ - ῶ - - νας
nin - ke a - - - - i ke is toos e - - -o - -nas

τῶν αἰ - ώ - - - - - - - - - - νων. - - - - - Ἀ - - - μήν.
ton e - o - - - - - - - - - - - non - - - - A - - - min.

Κύ - ρι - - - ε ἡ ἐν πολ-λαῖς ἁ-μαρ- τί - - - - - - - - - -
Ki - ri - - - e i en bo- les a-mar- ti - - - - - - - - - -

αις περι-πε- σοῦ- σα γυ - - νή, - - τὴν σὴν
es pe- ri- pe- soo- sa yi - - ni - tin - sin

191

σει, ψυ-χο- σώ-στα Σω- τήρ - - - - - - - - μου;- -
si psi -ho-sos-ta so- tir - - - - - - - - moo - - -

Μή με τήν σήν - - δού- λην πα- ρί- - - - - - όης
mi me tin sin - - - thoo- lin pa -ri- - - - - - this

ὁ ἀ - μέ-τρη- - τον ἔ - - - - - - - χων-τό
o a - -me- -tri - - - ton e - - - - - - - hon - to

ἔ - - - - - - - - - - - - λε - - - - - - - - ος.
e - - - - - - - - - - - - le - - - - - - - - os.

ΟΤΕ ΟΙ ΕΝΔΟΞΟΙ ΜΑΘΗΤΑΙ

243 Ὅ- τε οἱ ἔν - δο- ξοι μα-θη- ταί ἐν τῷ νι -πτῆ- ρι τοῦ
O - te i en- tho-ksi ma - θi - te en do ni -pti ri too

δεῖ-πνου ἐ - φω- - τί- ζον- το, τό- τε Ι - οὐ - δας ὁ
thi -pnoo e - fo - - ti - zon - do to - te I - oo - 'thas o

δυσ-σε- βής φυ -λαρ- γυ -ρί- αν νο- σή -σας ἐ -σκο- τί-
thi-se - - vis fi -lar- yi -ri- an no- si -sas e -sko- ti-

ζε - - το καὶ ἀ - νό- μοις κρι-ταῖς σὲ τόν δί -και-ον κρι-
ze - - to ke a - no- mis kri-tes se ton thi- ke - on kri-

τήν πα -ρα- δί- δω- σι. Βλέ- - - - -πε χρη-μά -των ἐ-ρα-
tin pa - ra - thi- tho- si Vle - - - - pe hri- ma - ton e -ra-

στα τόν δι -α ταῦ- τα ἀγ- χό- νη χρη - σά - με- νον.
sta ton thi- a taf -ta an - ho- ni hri - sa - me- non.

φεῦ - - - - γε ἀ - κό -ρε-στον ψυ-χήν τήν δι-δασ- κά- λῳ τοι-
fev - - - - ye a - ko -re -ston psi-hin tin thi-tha - ska- lo ti-

195

αὖ -τα τολ - μή - σα - σαν. ὁ πε - ρι πάν-
af -ta . tol - mi - sa - san o pe - ri pan-

τας ἀ - γα- θός Κύ - ρι - ε δό - - ξα - -σοι.
das a - gha- θos Ky - ri - e tho - ksa - si.

Crucifixion Hymn

Ἴσον–Organ Point ΡΕ. ΣΗΜΕΡΟΝ ΚΡΕΜΑΤΑΙ ΕΠΙ ΞΥΛΟΥ

244 Ση - με - ρόν κρε - μᾶ - ται ἐ - - - πι ξυ -
SI - me - ron kre - ma - te e - - - pi - ksi -

λου. ὁ ἐν ὕ - - δα - σι - - - τὴν γῆν κρε - μα - - - σας
loo o en i - tha - si - - -tin yin kre-ma - - -sas.

Στε - φα - νον ἐξ - ἀ-καν - θῶν πε-ρι-τι- θε -
Ste - fa - non eks a - a- kan -θon pe-ri ti θe-

ται ὁ τῶν ἀγ - γέ - λων - βα - σι - λεύς.
te o ton an - ge - lon - va - si - - -lefs.

ψευ-δῆ πορ-φύ-ραν πε-ρι- βάλ- λε - ται ὁ
Psev-thi por-fi- ran pe- ri- va - le- - te o

πε-ρι-βάλ- λων τὸν οὐ - ρα-νὸν ἐν - νε -
pe -ri-va - - lon ton oo - ra - non en - - ne-

φε - - - - - - - - - λαις. Ρα - πιό - - σμα κα-τε-
fe - - - - - - - - - - les. Ra - pis - -zma ka-te-

δέ - ξα - το ὁ ἐν Ἰ - ορ- δά - νη ἐ -λευ-θε-
the - ksa - to o en I - or -tha - ni e -lef-θe-

ρώ - σας - τὸν - ἀ - - - θαμ.
ro - sas ton - - - a - - - - - tham.

Change Cryclefixi RE to B

Ἤ — — — λοις προση — λώ — — θη — — —
I — — lis pro-si- lo — — — θi — — —

ὁ νυμ-φι — — — ος τῆς Ἐκ-κλη-σί — — ας.
o nim-fi — — — os tis E-kli-si — — -as.

Λόγ — — — χη ἐ — κεν-τή — — θη — — —
Lon — — — hi e-ken-di — — θi — — —

ὁ υἱ-ος — — — τῆς Παρ-θε — — νου.
o i-os — — — tis Par-θe — — noo.

Προ-σκυ-νοῦ-μεν σου τὰ Πα — θη Χρι-στέ.
Pro-ski-noo-men soo ta Pa — θi Hri-ste.

Δεῖ — — — ξον ἡ — — μῖν καὶ τὴν ἐνδο-
Thi — — — kson i — — min ke tin en-tho-

ξον — σου Ἀ — νά — — στα — — — σιν.
kson — soo A — na — — -sta — — — sin

Ο

ΕΠΙΤΑΦΙΟΣ ΘΡΗΝΟΣ

ΗΤΟΙ Η ΑΚΟΛΟΥΘΙΑ
ΤΟΥ
ΑΓΙΟΥ ΚΑΙ ΜΕΓΑΛΟΥ ΣΑΒΒΑΤΟΥ

Περὶ ὥραν 12ην τῆς ἑσπέρας τῆς Μ. Παρασκευῆς, σημαίνει ὁ κώδων διὰ τὴν ἀκολουθίαν τοῦ Ὄρθρου. Μετὰ τὸν ἑξάψαλμον δὲ ψάλλομεν τὰ ἑξῆς τροπάρια. Ἦχος β΄.

197

248 ΤΑΙΣ ΜΥΡΟΦΟΡΟΙΣ

200

δυ - να -στῶν δι- ε΄- κο-ψας κρά- τος, ά - γα - θε ο - μι -
thi - na - ston thi - e - ko-psas kra - tos a - gha - θe o - mi -

ρά-γεις γάρ τά σύμ-παν-τα καί και-νο - ποιεῖς σαβ-βα -
η - ρη - ται σπα - ράτ-του- σα ἀμ - φω γάρ - δε - σμούς τοῦ θα-

λῶν τοῖς ἐν ά - δη - ώς παν-το δύ - να - μος - -
lon tis en a - - thi - os pan-do - thi - na - - mos - - -

τι΄- ζων Σω- τῆρ μου καί ά - να-κτώ - - με - νος - -
να - του καί Ἀ - - δου- Λο΄- γε τῷ κρά - τει - σου - -

252 θε - ο -φα -νεί-ας σου Χριστέ τῆς πρός ἡ - μᾶς συμ - πα-
θε - ο - fa - ni - as soo Hri - ste tis pros i - mas sim - ba -

2. Νε - ο - ποι-εῖς τούς γη- γε - νεῖς ὁ πλα-στουρ-γός χο - ι -
3. Ἐξ ἀ - λο- χεύ-του προ-ελ- θών καί λογ-χευ-θείς τήν πλευ-

θῶς - γε- νο- μέ - - -νης, Ἠ -σα-ΐ - ας φῶς ί-δών ά - νέσπερον
θos - ye-no-me - - - nis I - sa - i - as fos i -thon a - nes-pe-ron

κός - χρη-μα -τί - - σας καί σιν-δών καί τά-φος ὑ-περ- φαί-νουσι
ράν - πλα-στουργέ - - μου 'εξ αυτῆς εἰρ-γά΄σω τήν ά - νά-πλα-σιν

ἐκ νυ- κτός όρ- θρί - - σας έ-κραύ-γα-ζεν. Ἀ -να-στή-σον-ται
ek nik - tos or - θri - - - sas e - krav-gha-zen. A - na-sti - son-de-

τό συ-νόν σοι Λό - - - γε μυ-στή-ρι - ον. ὁ εύ-σχή-μων γάρ
τήν τῆς Εὔ - - ας Ἀ -δάμ γε- νό΄- με - νος ἀ -φυ-πνώ-σας ὑ-

οἱ - νε- κροί καί έ- γερ-θή-σον-ται οἱ έν τοῖς - - - - μνη -μεῖ-
i - ne- kri ke e -yer- θi -son- de i en dis - - - - - mni - mi-

βου- λευ-τής τήν τοῦ σε φύ-σαν-τος βου-λήν σχη - - - - μα-τί-
περ- φυ ώς ὑ- πνον φυ-σί-ζω ον καί ζω- ήν - - - - - έ-γεί-

ois καὶ πάν-τες οἰ ἐν τῆ- γῆ- ά-γαλ-λι-ά-σον-ται-
is ke pan-des i en di- yi- a-gha-li-a- son- de--.

ρας ἐξ ὕ- πνου καὶ τῆς φθορᾶς- ὡς παν-το- δύ- να- μος-

253

Συ- νε-σχέ- -θη, 'αλλ ού κα - - - τε -σχέ-θη, στέρ-νοις κη-
Si - nes-he - - - - θi al ook ka - - - te -she -θi, ster-nis ki-

2. Ἀ- νη- ρέ-- -θης 'αλλ ού δι- - - η- ρέ- θης Λό-γε ῆς με-
3. Βα- σι- λεύ--- ει ἀλλ ούκ αἰ- - - -ω-γι-ζει Ἅ- δηςτοῦ

τώ- οις Ἰ- ω- νᾶς.σοῦ γὰρ τὸν τύ-πον φέ - - - ρων τοῦ πα-θόν-τος
to - is I - -o'- nas.soo ghar ton ti- pon fe - - - ron too pa- θon-dos

τέ- -σχες σαρκός. εἰ γὰρ καὶ λε- λυ-ται - - σου ὁ να-ός ἐν
γέ-νους τῶν βρο-τῶν. σὺ γὰρ τε-θεὶς ἐν τά- - φῳ κρα-ται-ὲ ζω-

καὶ τα-φῆ - - - δο- θέν-τος ὡς ἐκ θα-λά - - μου τοῦ θη-ρὸς ά-
ke ta-fi - - - - θo-θen dos os ek θa- la - - moo too θi-ros a-

τῷ και-ρῷ- - - τοῦ πά-θους 'αλ-λὰ καὶ οὗ - - τω μι-ᾶ ἥν ὑ-
αρ-χι-κῆ - - - πα-λά- μη τὰ τοῦ θα- να - - του κλεῖθρα δι-ε-

νέ- -θο- ρε προ-σε-φώ-νει δὲ τῇ κου - - στω-δί- α. οἰ φυ-λασ-
ne-θo - re pro-se-fo -ni the ti koo - - - sto-thi-a. i fi-la-

πό-στα-σις τῆς θε-ό-τη- τος καὶ τῆς - - σάρ-κος σου ἐν αμ-φο-
σπά-ρα- ξας καὶ ε-κη-ρυ-ξας τούς απ - -αι- ω- νος

σό - - - - με-νοι μά - - -ται- α καὶ ψευ-δῆ ἔ - λθον αὐ-
so - - - - - me -ni ma - - -te- a ke psev-thi e - le- on af-

τε-ροις γὰρ - - εἰς ὑ- παρ- χεις Υἱ-ὸς Λό- γος τοῦ θε-
θεῦ--- δου- σι λύ - - τρω-σιν ά- ψευ-δῆ Σῶ-τερ γε-γο-

204

tοῖς — εγ-κα-τε — λί — — πε — — τε — —.
tis — — en- ga- te- li — — — pe — — te — — —.

οὐ — θε- ός — καὶ ἄν — — θρω — — πος —.
νῶς — νε-κρῶν πρω- το — — το — — — κος —.

254 ῎Α — φρα-στον θαῦ — — μα ὁ ἐν κα-μί — — νῳ ρυ-σά- με-
A — fra- ston thav — — ma o en ga- mi — — no ri- sa- me-

2. Τέ-τρω- ται Ἀ — — — δης ἐν τῇ καρ-δί — — — ᾳ, δε-ξα- με-
3. ῎Ολ-βι- ος τα — — φος! ἐν ἐ — αυ-τῷ — — γάρ δε-ξα- με-

νος τοὺς ὁ- σί — ους παῖ- δας ἐκ- φλο-γὸς ἐν τά-φῳ νε-
nos toos o — si — oos pe- thas ek flo-ghos en da- fo ne-

νος τὸν τρω-θέν- τα λόγ- χῃ τὴν πλευ-ρὰν καὶ στέ-νει πυ-
νος ὡς ὑ-πνοῦν- τα τόν Δη -μι- ουρ-γον, ζω-ῆς θη -σαυ-

κρὸς ἄ-πνους κα-τα-τί- θε-ται εἰς σω-τη- ρί- αν ἠ-
kros a-pnoos ka- ta- ti- θe- te is so- ti- ri- an i-

ρὶ θεί- ῳ δα-πα-νό-με- νος,
ρὸς θεῖ- ος ἀ- να-δέ-δει- κται,

μῶν τῶν με- — λω-δούν-των Λυ-τρω-τά, ὁ θεὸς εὐ- λο — —γη- τός εἶ.
mon ton me — — lo- thoon-don Li -tro- ta o θe-os ev- lo — —yi- tos si.

255 1. ⊧Εκ — στη-θι φρῖτ-των οὐ- ρα- νὲ καὶ σα-λευ- θη- τω-
Ek — sti-θi fri- ton oo-ra- ne ke sa- lef - θi- to-

2. Λέ — λυ-ται ἄ- χραν-τος να- ὸς τὴν πε-πτω- κυῖ- αν
3. ῍Ω τῶν θαυ- μά-των τῶν και- νῶν. ω ἀ - γα — -θό-τη-

205

σαν τὰ θε-μέ-λι-α τῆς γῆς. ἰ-δοὺ γὰρ ἐν νε-
san ta the-me-li-a tis yis i-thoo ghar en ne-

δὲ συ-να-νί-στη-σι σκη-νήν. Ἀ-δὰμ γὰρ τῷ προ-
τος ὢ ἀ-φρά-στου ἀ-νο-χῆς. ἐ-κὼν γὰρ ὑ-πὸ

κροῖς λο-γί-ζε-ται ὁ ἐν ὑ-ψί-στοις οἰ-κῶν καὶ
kris lo-yi-ze-te o en i-psi-stis i-kon ke

τέ-ρω-δεὐ-τε-ρος ὁ ἐν ὑ-ψί-στοις οἰ-κῶν κα-
γῆς σφρα-γί-ζε-ται καὶ

τά-φω σμι-κρῷ ξε-νο---δο-χεῖ-ται· ον παῖ-δες
ta-fo smi-kro kse-no----tho-hi-te, on pe-thes

τῆλ-θε μέ-χρις ᾅ-δου---τα-μει-ων.
πλά-νος θε-ός συ-κο---φαν-τεῖ-ται.

εὐ-λο-γεῖ---τε, ἱ-ε-ρεῖς- ἀ-νυ-μνεῖ---τε λα-
ev-lo-yi----te, i-e-ris- a-ni-mni----te, la-

ὸς ὑ-περ ὑ-ψοῦ-τε εἰς πάν-τας τοὺς--αἰ-ῶ-νας.
os i-per i--psoo-te is pan-das toos--e-o-nas.

256 Μὴ ἐ-πο-δύ-ρου μου, μῆ---τερ κα-θο-ρῶ-σα εν
Mi e-po-thi-roo moo mi---ter ka-tho-ro-sa en

206

τα----φω ὃν ἐν γα-στρὶ ἄ-νευ σπο-ρᾶς συ-νέ-λα-βες υἱ-όν.
da----fo on en ghas-tri a-nef spo-ras si-ne-la-ves i-on

ἀ-να-στή-σο-μαι γὰρ καὶ δο-ξα-σθή-σο-μαι καὶ ὑ-πνώ-
a-na-sti-so-me ghar ke tho-ksas-thi-so-me ke-pno-

σω ἐν δό----ξῃ ἀ-παύ-στως ὡς θε-ὸς τοὺς ἐν πί-
so en tho----ksi a-paf-stos os The-os toos en bi-

στει καὶ πό--θω--σε με-γα-λύ---νον-τας -.
sti ke po--tho--se me-gha-li---non das -.

Η ΖΩΗ ΕΝ ΤΑΦΩ   Βυζαντινὸν μονόφωνον.   ΣΤΑΣΙΣ ΠΡΩΤΗ

257 ῾Η ζω-ή-- ἐν τά--φω κα-τε-τέ-θης Χρι-
    I zo-i---en da--fo ka-te-te---this hri-

στὲ καὶ ἀγ-γέ-λων στρα-τι- αἱ---ἐ-ξε-πλήτ-τον-το,
ste ke an-ge-lon stra-ti-e---e-kse-pli-ton-do,

207

συγ- κα- τά- βα- σιν δο- ξά-ζου-σαι τὴν σήν.
sin - ga- ta-. va- sin tho-ksa-zoo - se tin sin.

ΑΞΙΟΝ ΕΣΤΙΝ. Βυζαντινόν μονόφωνον. ΣΤΑΣΙΣ ΔΕΥΤΕΡΑ.

258 "Α- ξι- ον - έ - στιν -- με- γα-λύ-νειν σε τὸν ζω-
A - ksi- on ----e ----stin --- me- gha-li -nin se ton zo-

ο- δό- ---. την τὸν σταυ-ρῷ τὰς χεῖ - - - ρας ἐκ- τεί-ναν-
o tho ----tin ton stav- ro tas hi ----ras ek- ti -nan-

τα καὶ συν-τρί-ψαν-τα τὸ κρά-τος τοῦ ἐχ-θροῦ.
da ke sin-dri-psan-da to kra-tos too eh-θroo .

Η ΖΩΗ ΕΝ ΤΑΦΩ: Τετράφωνον.

259 Ἡ ζω- ή --- ἐν- τά - φω κα-τε-τέ - - - - - -θης Χρι -
I zo- i --- en- ta - fo ka-te-te ----------this Hri -

στέ καὶ ἀγ- γέ-λων στρα-τι- αί -- ἐ- ξε-πλήτ-τον-το,
ste ke ag- ge-lon stra-ti- ai -- e- xe-plit-ton-to,

συγ- κα- τά- βα- σιν δο- ξά- ζου- σαι τὴν σήν----.

ΑΞΙΟΝ ΕΣΤΙΝ Τετράφωνον.

260 Ά- ξι- ον- έ- στίν-. με- γα-λύ-νειν σε τὸν ζω- ο-

δό---- την τόν Σταυ-ρῶ τὰς χεί- ρας ἐκ-τεί-ναν-τα

καὶ συν-τρί- βαν- τα τὸ κρά-τος τοῦ ἐχ-θροῦ-----.

ΑΙ ΓΕΝΕΑΙ ΠΑΣΑΙ Τετράγωνον. ΣΤΑΣΙΣ ΤΡΙΤΗ

261 Αἰ γε- νε- αὶ- πᾶ----σαι ὕ- μνον τῇ τα- φῇ--σου προ-
E ye-ne- e- pa----se im-non ti ta-fi---soo pros-

σφέ- ρου- σι------ Χρι- στέ---- μου.
fe- roo- si------ Hri- ste---- moo.

209

ΕΠΙΤΑΦΙΟΣ ΘΡΗΝΟΣ

ΣΤΑΣΙΣ ΠΡΩΤΗ

262

Ἦχος πλ. α΄.

1. Ἡ ζωὴ ἐν τάφῳ, κατετέθης, Χριστέ· καὶ Ἀγγέλων στρατιαὶ ἐξεπλήττοντο, συγκατάβασιν δοξάζουσαι τὴν σήν.

2. Ἡ ζωὴ πῶς θνήσκεις; πῶς καὶ τάφῳ οἰκεῖς; τοῦ θανάτου τὸ βασίλειον λύεις δέ, καὶ τοῦ Ἄδου τοὺς νεκροὺς ἐξανιστᾷς.

3. Μεγαλύνομέν σε, Ἰησοῦ Βασιλεῦ, καὶ τιμῶμεν τὴν ταφὴν καὶ τὰ πάθη σου· δι' ὧν ἔσωσας ἡμᾶς ἐκ τῆς φθορᾶς.

4. Μέτρα γῆς ὁ στήσας, ἐν σμικρῷ κατοικεῖς, Ἰησοῦ παμβασιλεῦ, τάφῳ σήμερον, ἐκ μνημάτων τοὺς θανόντας ἀνιστῶν.

5. Ἰησοῦ Χριστέ μου, Βασιλεῦ τοῦ παντός, τὶ ζητῶν τοῖς ἐν τῷ Ἅδῃ ἐλήλυθας; ἢ τὸ γένος ἀπολῦσαι τῶν βροτῶν;

6. Ὁ Δεσπότης πάντων, καθορᾶται νεκρός, καὶ ἐν μνήματι καινῷ κατατίθεται, ὁ κενώσας τὰ μνημεῖα τῶν νεκρων.

7. Ἡ ζωὴ ἐν τάφῳ, κατετέθης, Χριστέ, καὶ θανάτῳ σου τὸν θάνατον ὤλεσας, καὶ ἐπήγασας τῷ κόσμῳ τὴν ζωήν.

8. Μετὰ τῶν κακούργων, ὡς κακοῦργος, Χριστέ, ἐλογίσθης δικαιῶν ἡμᾶς ἅπαντας, κακουργίας τοῦ ἀρχαίου πτερνιστοῦ.

9. Ὁ ὡραῖος κάλλει, παρὰ πάντας βροτούς, ὡς ἀνείδεος νεκρὸς καταφαίνεται, ὁ τὴν φύσιν ὡραίσας τοῦ παντός.

Ἄδης πῶς ὑποίσει, Σῶτερ, παρουσίαν τὴν σήν, καὶ μὴ θᾶττον συνθλασθείη σκοτούμενος, ἀστραπῆς φωτός σου αἴγλῃ ἐκτυφλωθείς;

10. Ἰησοῦ γλυκύ μοι, καὶ σωτήριον φῶς, τάφῳ πῶς ἐν σκοτεινῷ κατακέκρυψαι; ὦ ἀφάτου καὶ ἀρρήτου ἀνοχῆς !

11. Ἀπορεῖ καὶ φύσις, νοερὰ καὶ πληθὺς, ἡ ἀσώματος, Χριστὲ τὸ μυστήριον, τῆς ἀφράστου καὶ ἀρρήτου σου ταφῆς.

12. Ὢ θαυμάτων ξένων! ὢ πραγμάτων καινῶν! ὁ πνοῆς μοι χορηγὸς ἄπνους φέρεται, κηδευόμενος χερσὶ τοῦ Ἰωσήφ.

13. Σοῦ τεθέντος τάφῳ, πλαστουργέτα Χριστέ, τὰ τοῦ Ἄδου ἐσαλεύθη θεμέλια, καὶ μνημεῖα ἠνεῴχθη τῶν βροτῶν.

14. Δακρυρρόους θρήνους, ἐπὶ σὲ ἡ Ἀγνή, μητρικῶς, ὦ Ἰησοῦ, ἐπιρραίνουσα, ἀνεβόα· πῶς κηδεύσω σε, Υἱέ;

Ὥσπερ σίτου κόκκος, ὑποδὺς κόλπους γῆς, τὸν πολύχρουν ἀποδέδωκας ἄσταχυν, ἀναστήσας τοὺς βροτοὺς τοὺς ἐξ Ἀδάμ.

15. Ὑπὸ γῆν ἐκρύβης, ὥσπερ Ἥλιος νῦν, καὶ νυκτὶ τῇ τοῦ θανάτου κεκάλυψαι, ἀλλ' ἀνάτειλον φαιδρότερον Σωτήρ.

16. Προσκυνῶ τὸ Πάθος, ἀνυμνῶ τὴν Ταφήν, μεγαλύνω σου τὸ κράτος, Φιλάνθρωπε, δι' ὧν λέλυμαι παθῶν φθοροποιῶν.

Κατὰ σοῦ ρομφαία, ἐστιλβοῦτο Χριστέ, καὶ ρομφαία ἰσχυροῦ μὲν ἀμβλύνεται, καὶ ρομφαία δὲ τροποῦται τῆς Ἐδέμ.

210

17. Ἡ Ἀμνὰς τὸν ἄρνα, βλέπουσα ἐν σφαγῇ, ταῖς αἰκίσι βαλλομένη ὠλό-
λυζε, συγκινοῦσα καὶ τὸ ποίμνιον βοᾶν.

Κἂν ἐνθάπτῃ τάφῳ, κἂν εἰς ᾅδου μολῇς· ἀλλὰ Σῶτερ καὶ τοὺς τάφους
ἐκένωσας, καὶ τὸν ᾅδην ἀπεγύμνωσας, Χριστέ.

Ἑκουσίως, Σῶτερ, κατελθὼν υπο γῆν, νεκρωθέντας τοὺς βροτοὺς ἀνα-
ζώωσας, καὶ ἀνήγαγες ἐν δόξῃ πατρικῇ.

Τῆς Τριάδος ὁ Εἷς, ἐν Σαρκὶ δι' ἡμᾶς, ἐπονείδιστον ὑπέμεινεν θάνατον·
φρίττει ἥλιος, καὶ τρέμει δὲ ἡ γῆ.

Ὡς πικρᾶς ἐκ κρήνης, τῆς Ἰούδα φυλῆς, οἱ ἀπόγονοι ἐν λάκκῳ κατέ-
θεντο, τὸν τροφέα μανναδότην Ἰησοῦν.

Ὁ Κριτὴς ὡς κριτός, πρὸ Πιλάτου κριτοῦ, καὶ παρίστατο, καὶ θάνατον
ἄδικον, κατεκρίθη διὰ ξύλου σταυρικοῦ.

Ἀλαζὼν Ἰσραήλ, μιαιφόνε λαέ, τί παθὼν τὸν Βαραββᾶν ἠλευθέρωσας;
τὸν Σωτῆρα δὲ παρέδωκας σταυρῷ;

Ὁ χειρί σου πλάσας τὸν Ἀδὰμ ἐκ τῆς γῆς, δι' αὐτὸν τῇ φύσει γέγο-
νας ἄνθρωπος, καὶ ἐσταύρωσαι βουλήματι τῷ σῷ.

Ὑπακούσας, Λόγε, τῷ ἰδίῳ Πατρί, μέχρις Ἄδου τοῦ δεινοῦ καταβέβη-
κας, καὶ ἀνέστησας τὸ γένος τῶν βροτῶν.

18. Οἴμοι φῶς τοῦ κόσμου! οἴμοι φῶς τὸν ἐμόν! Ἰησοῦ μου ποθεινό-
τατε, ἔκραζεν ἡ Παρθένος θρηνῳδοῦσα γοερῶς.

Φθονουργέ, φονουργέ, καὶ ἀλάστορ λαέ, κἂν σινδόνας καὶ αὐτὸ τὸ σου-
δάριον αἰσχύνθητι, ἀναστάντος τοῦ Χριστοῦ.

Δεῦρο δὴ μιαρέ, φονευτὰ μαθητά, καὶ τὸν τρόπον τῆς κακίας σου δεῖ-
ξόν μοι, δι' ὃν γέγονας προδότης τοῦ Χριστοῦ.

Ὡς φιλάνθρωπός τις, ὑποκρίνῃ μωρέ, καὶ τυφλὲ πανωλεθρότατε ἄσπονδε,
ὁ τὸ μύρον πεπρακὼς διὰ τιμῆς.

Οὐρανίου μύρου, ποίαν ἔσχες τιμήν; τοῦ τιμίου τί ἐδέξω ἀντάξιον; λύσ-
σαν εὗρες, καταρώτατε Σατάν.

Εἰ φιλόπτωχος εἶ, καὶ τὸ μύρον λυπῇ, κενουμένου εἰς ψυχῆς ἱλαστήριον,
πῶς χρυσῷ ἀπεμπολεῖς τὸν φωταυγῆ;

19. Ὦ Θεὲ καὶ λόγε, ὦ χαρὰ ἡ ἐμή! πῶς ἐνέγκω σου ταφὴν τὴν τριήμε-
μερον; Νῦν σπαράττομαι τὰ σπλάγχνα μητρικῶς.

20. Τίς μοι δώσει ὕδωρ, καὶ δακρύων πηγάς, ἡ Θεόνυμφος Παρθένος ἐκραύ-
γαζεν, ἵνα κλαύσω τὸν γλυκύν μου Ἰησοῦν;

Ὦ βουνοὶ καὶ νάπαι, καὶ ἀνθρώπων πληθύς, κλαύσατε καὶ πάντα θρη-
νήσατε, σὺν ἐμοὶ τῇ τοῦ Θεοῦ ἡμῶν μητρί.

Πότε ἴδω, Σῶτερ, σε τὸ ἄχρονον φῶς, τὴν χαρὰν καὶ ἡδονὴν τῆς καρ-
δίας μου; ἡ Παρθένος ἀνεβόα γοερῶς.

211

Κἂν ὡς πέτρα, Σῶτερ, ἡ ἀκρότομος σύ, κατεδέξω τὴν τομήν, ἀλλ᾽ ἐπήγασας, ζῶν τὸ ρεῖθρον, ὡς πηγὴ ὢν τῆς ζωῆς.

Ὡκ ἐκ κρήνης μιᾶς, τὸν διπλοῦν ποταμόν, τῆς πλευρᾶς σου προχεούσης ἀρδόμενοι, τὴν ἀθάνατον καρπούμεθα ζωήν.

Θέλων ὤφθης, Λόγε, ἐν τῷ τάφῳ νεκρός, ἀλλὰ ζῇς καὶ τοὺς βροτούς, ὡς προείρηκας, Ἀναστάσει σου Σωτήρ μου ἐγερεῖς.

Δόξα.

21. Ἀνυμνοῦμεν, Λόγε, Σὲ τὸν πάντων Θεόν, σὺν Πατρὶ καὶ τῷ Ἁγίῳ σου Πνεύματι, καὶ δοξάζομεν τὴν θείαν Σου ταφήν.

Καὶ νῦν. Θεοτοκίον.

22. Μακαρίζομέν σε, Θεοτόκε Ἁγνή, καὶ τιμῶμεν τὴν ταφὴν τὴν τριήμερον τοῦ Υἱοῦ σου καὶ Θεοῦ ἡμῶν πιστῶς.

Καὶ πάλιν τὸ πρῶτον τροπάριον.

23ᵦ Ἡ ζωὴ ἐν τάφῳ, κατετέθης Χριστέ, καὶ Ἀγγέλων στρατιαὶ ἐξεπλήττοντο, συγκατάβασιν δοξάζουσαι τὴν Σήν.

---

263 ΣΤΑΣΙΣ ΔΕΥΤΕΡΑ

Ἦχος πλ. α΄.

1 Ἄξιόν ἐστι, μεγαλύνειν σε τὸν ζωοδότην, τὸν ἐν τῷ Σταυρῷ τὰς χεῖρας ἐκτείναντα, καὶ συντρίψαντα τὸ κράτος τοῦ ἐχθροῦ.

2. Ἄξιόν ἐστι, μεγαλύνειν σε τὸν πάντων Κτίστην· τοῖς σοῖς γὰρ παθήμασιν ἔχομεν τὴν ἀπάθειαν ρυσθέντες τῆς φθορᾶς.

3. Ἔφριξεν ἡ γῆ, καὶ ὁ ἥλιος, Σῶτερ, ἐκρύβη, σοῦ τοῦ ἀνεσπέρου φέγγους Χριστέ, δύσαντος ἐν τάφῳ σωματικῶς.

Ὕπνωσας, Χριστέ, τὸν φυσίζωον ὕπνον ἐν τάφῳ, καὶ βαρέος ὕπνου ἐξήγειρας τοῦ τῆς ἁμαρτίας τὸ τῶν ἀνθρώπων γένος.

4. Μόνη γυναικῶν, χωρὶς πόνων ἔτεκόν σε, Τέκνον, πόνους δὲ νῦν φέρω πάθει τῷ Σῷ, ἀφορήτους, ἔλεγεν ἡ Σεμνή.

5. Ἄνω σε Σωτήρ, ἀχωρίστως τῷ Πατρὶ συνόντα, κάτω δὲ νεκρὸν ἡπλωμένον γῇ, φρίττουσιν ὁρῶντα τὰ Σεραφείμ.

6. Τέτρωμαι δεινῶς, καὶ σπαράττομαι τὰ σπλάγχνα, Λόγε, βλέπουσα τὴν ἄδικόν σου σφαγήν, ἔλεγεν ἡ Πάναγνος ἐν κλαυθμῷ.

7. Ὄμμα τὸ γλυκύ, καὶ τὰ χείλη σου πῶς μύσω, Λόγε; πῶς νεκροπρεπῶς δὲ κηδεύσω σε; φρίττων ἀνεβόα Ἰωσήφ.

8. Ὕμνους Ἰωσήφ, καὶ Νικόδημος ἐπιταφίους, ᾄδουσι Χριστῷ νεκρωθέντι νῦν· ᾄδει δὲ σὺν τούτοις καὶ Σεραφείμ.

Δύνεις ὑπὸ γῆν, Σῶτερ, Ἥλιε Δικαιοσύνης· ὅθεν ἡ τεκοῦσα Σελήνη σε, ταῖς λύπαις ἐκλείπει, σῆς θέας στερουμένη.

Ἔφριξεν ὁρῶν, Σῶτερ Ἅδης σε τὸν Ζωοδότην, πλοῦτον τὸν ἐκείνου σκυλεύοντα, καὶ τοὺς ἀπ᾽ αἰῶνος νεκροὺς ἐξανιστῶντα.

Ἥλιος φαιδρόν, ἀπαστράπτει μετὰ νύκτα, Λόγε· καὶ σὺ δ᾽ ἀναστὰς ἐξαστράψειας, μετὰ θάνατον φαιδρὸς ὡς ἐκ παστοῦ.

9. Γῆ σε πλαστουργέ, ὑπὸ κόλπους δεξαμένη, τρόμῳ συσχεθεῖσα, Σῶτερ τινάσσεται, ἀφυπνώσασα νεκροὺς τῷ τιναγμῶ.

10. Μύροις σε Χριστέ, ὁ Νικόδημος καὶ ὁ Εὐσχήμων, νῦν καινοπρεπῶς περιστείλαντες· Φρῖξον ἀνεβόων πᾶσα ἡ γῆ!

11. Λίθος λαξευτός, τὸν ἀκρόγωνον καλύπτει λίθον· ἄνθρωπος θνητὸς δ᾽ ὡς θνητὸν Θεόν, κρύπτει νῦν τῷ τάφῳ· φρῖξον ἡ γῆ!

12. Ἴδε μαθητήν, ὃν ἠγάπησας καὶ σὴν Μητέρα, Τέκνον, καὶ φθογγὴν δός, γλυκύτατον, ἔκραζε δακρύουσα ἡ Ἁγνή.

Σὺ ὡς ὢν ζωῆς, χορηγὸς Λόγε, τοὺς Ἰουδαίους, ἐν Σταυρῷ τεθεὶς οὐκ ἐνέκρωσας, ἀλλ᾽ ἀνέστησας καὶ τοὺς νεκρούς.

13. Κάλλος Λόγε πρίν, οὐδὲ εἶδος ἐν τῷ πάσχειν ἔσχες, ἀλλ᾽ ἐξαναστὰς ὑπερέλαμψας, καλλωπίσας τοὺς βροτοὺς θείαις αὐγαῖς.

14. Ἥλιος ὁμοῦ, καὶ Σελήνη σκοτισθέντες Σῶτερ, δούλους εὐνοοῦντας εἰκόνιζον, οἱ μελαίνας ἀμφιέννυνται στολάς.

15. Ἔφριξεν ἰδών, τὸ ἀόρατον Φῶς σε Χριστέ μου, μνήματι κρυπτόμενον ἄπνουν τε, καὶ ἐσκότασεν ὁ Ἥλιος τὸ φῶς.

16. Ἔκλαιε πικρῶς, ἡ Πανάμωμος Μήτηρ σου, Λόγε, ὅτε ἐν τῷ τάφῳ ἑώρακε Σὲ τὸν ἄφραστον καὶ ἄναρχον Θεόν.

Νέκρωσιν τὴν Σήν, ἡ Πανάφθορος Χριστέ σου Μήτηρ, βλέπουσα πικρῶς σοι ἐφθέγγετο· Μὴ βραδύνῃς ἡ ζωὴ ἐν τοῖς νεκροῖς.

Ἅδης ὁ δεινός, συνετρόμαξεν ὅτε σὲ εἶδεν, Ἥλιε τῆς δόξης ἀθάνατε, καὶ ἐδίδου τοὺς δεσμίους ἐν σπουδῇ.

Μέγα καὶ φρικτόν, Σῶτερ, θέαμα νῦν καθορᾶται! ὁ ζωῆς γὰρ θέλων παραίτιος, θάνατον ὑπέστη, ζωῶσαι θέλων πάντας.

Νύττῃ τὴν πλευράν, καὶ ἡλοῦσαι Δέσποτα τὰς χεῖρας, πληγὴν ἐκ πλευρᾶς σου ἰώμενος, καὶ τὴν ἀκρασίαν τῶν χειρῶν τῶν Προπατόρων.

Πρὶν τὸν τῆς Ραχήλ, υἱὸν ἔκλαυσεν, ἅπας, κατ᾽ οἶκον νῦν τὸν τῆς Παρθένου ἐκόψατο, Μαθητῶν χορεία σὺν τῇ Μητρί.

17. Ράπισμα χειρῶν, Χριστοῦ δέδωκαν ἐν σιαγόνι, τοῦ χειρὶ τὸν ἄνθρωπον πλάσαντος, καὶ τὰς μύλας θλάσαντος τοῦ θηρός.

18. Ὕμνοις Σου, Χριστέ, νῦν τὴν Σταύρωσιν καὶ τὴν Ταφήν τε, ἅπαντες πιστοὶ ἐκθειάζομεν, οἱ θανάτου λυτρωθέντες σῇ ταφῇ.

Δόξα Πατρί.

19. Ἄναρχε Θεέ, συναΐδιε Λόγε καὶ Πνεῦμα, σκῆπτρα τῶν Ἀνάκτων κραταίωσον, κατὰ πολεμίων ὡς ἀγαθός.

Καὶ νῦν. Θεοτοκίον.

20. Τέξασα ζωήν, Παναμώμητε ἁγνὴ Παρθένε, παῦσον Ἐκκλησίας τὸ σκάνδαλα καὶ βράβευσον εἰρήνην ἀγαθή.

Καὶ πάλιν τὸ πρῶτον οἱ δύο χοροί.

21. Ἄξιόν ἐστι μεγαλύνειν σε τὸν Ζωοδότην, τὸν ἐν τῷ Σταυρῷ τὰς χεῖρας ἐκτείναντα καὶ συντρίψαντα τὸ κράτος τοῦ ἐχθροῦ.

213

264

ΣΤΑΣΙΣ ΤΡΙΤΗ
Ἦχος γ΄.

1. Αἱ γενεαὶ πᾶσαι, ὕμνον τῇ Ταφῇ σου, προσφέρουσι, Χριστέ μου.
2. Καθελὼν τοῦ ξύλου, ὁ Ἀριμαθείας, ἐν τάφῳ σὲ κηδεύει.
3. Μυροφόροι ἦλθον, μύρα σοι, Χριστέ μου, κομίζουσαι προφρόνως.
4. Δεῦρο πᾶσα κτίσις, ὕμνους ἐξοδίους, προσοίσομεν τῷ Κτίστῃ.
5. Ὡς νεκρὸν τὸν ζῶντα, σὺν μυροφόροις πάντες, μυρίσωμεν ἐμφρόνως.
6. Ἰωσὴφ τρισμάκαρ, κήδευσον τὸ Σῶμα, Χριστοῦ τοῦ Ζωοδότου.
7. Οὓς ἔθρεψε τὸ μάννα, ἐκίνησαν τὴν πτέρναν, κατὰ τοῦ εὐεργέτου.
   Οὓς ἔθρεψε τὸ μάννα, φέρουσι τῷ Σωτῆρι, χολὴν ἅμα καὶ ὄξος.
8. Ὢ τῆς παραφροσύνης, καὶ τῆς Χριστοκτονίας, τῆς τῶν Προφητοκτόνων!
9. Ὡς ἄφρων ὑπηρέτης, προδέδωκεν ὁ μύστης τὴν ἄβυσσον σοφίας.
10. Τὸν ρύστην ὁ πωλήσας, αἰχμάλωτος κατέστη, ὁ δόλιος Ἰούδας.
    Κατὰ τὸν Σολομῶντα, βόθρος βαθὺς τὸ στόμα, Ἑβραίων παρανόμων.
    Ἑβραίων παρανόμων, ἐν σκολιαῖς πορείαις, τρίβολοι καὶ παγίδες.
11. Ἰωσὴφ κηδεύει, σὺν τῷ Νικοδήμῳ, νεκροπρεπῶς τὸν Κτίστην.
    Ζωοδότα Σῶτερ, δόξα σου τῷ κράτει, τὸν Ἅδην καθελόντι.
    Ὕπτιον ὁρῶσα, ἡ Πάναγνός σε, Λόγε, μητροπρεπῶς ἐθρήνει.
12. Ὢ γλυκύ μου ἔαρ, γλυκύτατόν μου Τέκνον, ποῦ ἔδυ σου τὸ κάλλος;
13. Θρῆνον συνεκίνει, ἡ Πάναγνός σου Μήτηρ, Σοῦ Λόγε νεκρωθέντος.
14. Γύναια σὺν μύροις, ἥκουσι μυρίσαι, Χριστὸν τὸ θεῖον μύρον.
    Θάνατον θανάτῳ, Σὺ θανατοῖς Θεέ μου, θείᾳ σου δυναστείᾳ.
15. Πεπλάνηται ὁ πλάνος, ὁ πλανηθεὶς λυτροῦται, Σοφίᾳ Σῇ Θεέ μου.
    Πρὸς τὸν πυθμένα Ἅδου, κατήχθη ὁ προδότης, διαφθορᾶς εἰς φρέαρ.
    Τρίβολοι καὶ παγίδες, ὁδοὶ τοῦ τρισαθλίου, παράφρονος Ἰούδα.
    Συναπολοῦνται πάντες, οἱ σταυρωταί Σου Λόγε, Υἱὲ Θεοῦ Παντάναξ.
    Διαφθορᾶς εἰς φρέαρ, συναπολοῦνται πάντες, οἱ ἄνδρες τῶν αἱμάτων.
16. Υἱὲ Θεοῦ Παντάναξ, Θεέ μου Πλαστουργέ μου, πῶς πάθος κατεδέξω;
17. Ἡ Δάμαλις τὸν Μόσχον, ἐν ξύλῳ κρεμασθέντα, ὠλόλυζεν ὁρῶσα.
    Σῶμα τὸ ζωηφόρον, ὁ Ἰωσὴφ κηδεύει μετὰ τοῦ Νικοδήμου.
18. Ἀνέκραγεν ἡ κόρη, θερμῶς δακρυρροοῦσα, τὰ σπλάγχνα κεντωμένη.
19. Ὢ φῶς τῶν ὀφθαλμῶν μου, γλυκύτατόν μου Τέκνον, πῶς τάφῳ νῦν καλύπτῃ
    Τὸν Ἀδὰμ καὶ Εὔαν, ἐλευθερῶσαι, Μῆτερ, μὴ θρήνει ταῦτα πάσχω.
20. Δοξάζω σου Υἱέ μου, τὴν ἄκραν εὐσπλαγχνίαν, ἧς χάριν ταῦτα πάσχεις.
    Ὄξος ἐποτίσθης, καὶ χολὴν Οἰκτίρμον, τὴν πάλαι λύων γεῦσιν.
    Ἰκρίῳ προσεπάγης, ὁ πάλαι τὸν λαόν σου, στύλῳ νεφέλης σκέπων.
    Αἱ μυροφόροι Σῶτερ, τῷ τάφῳ προσελθοῦσαι, προσέφερόν σοι μύρα.

21. Ἀνάστηθι Οἰκτίρμον, ἡμᾶς ἐκ τῶν βαράθρων, ἐξανιστῶν τοῦ Ἅδου.
22. Ἀνάστα Ζωοδότα, ἡ Σὲ τεκοῦσα Μήτηρ, δακρυρροοῦσα λέγει.
Σπεῦσον ἐξαναστῆναι τὴν λύπην λύων Δόγε, τῆς Σὲ ἁγνῶς τεκούσης.
23. Οὐράνιαι Δυνάμεις, ἐξέστησαν τῷ φόβῳ, νεκρόν σε καθορῶσαι.
Τοῖς πόθῳ τε καὶ φόβῳ, τὰ Πάθη σου τιμῶσι, δίδου πταισμάτων λύσιν.
Ὢ φρικτὸν καὶ ξένον, θέαμα Θεοῦ Λόγε! πῶς γῆ σε συγκαλύπτει;
24. Φέρων πάλαι φεύγει, Σῶτερ Ἰωσήφ σε, καὶ νῦν σε ἄλλος θάπτει.
25. Κλαίει καὶ θρηνεῖ σε, ἡ Πάναγνός Σου Μήτηρ, Σωτήρ μου νεκρωθέντα.
26. Φρίττουσιν οἱ νόες τὴν ξένην καὶ φρικτήν Σου, ταφὴν τοῦ πάντων Κτίστου·
27. Ἔρραναν τὸν τάφον, αἱ Μυροφόροι μύρα, λίαν πρωῒ ἐλθοῦσαι.
28. Εἰρήνην Ἐκκλησίᾳ, λαῷ σου σωτηρίαν, δώρησαι σῇ ἐγέρσει.

Δόξα Πατρί.

29. Ὢ Τριὰς Θεέ μου, Πατήρ, Υἱὸς καὶ Πνεῦμα, ἐλέησον τὸν κόσμον.

Καὶ νῦν. Θεοτοκίον.

30. Ἰδεῖν τὴν τοῦ Υἱοῦ Σου, Ἀνάστασιν Παρθένε, ἀξίωσον Σοὺς δούλους.

Καὶ πάλιν τὸ πρῶτον τροπάριον.

31. Αἱ γενεαὶ πᾶσαι, ὕμνον τῇ ταφῇ σου, προσφέρουσι Χριστέ μου.

265 ΤΑ ΕΥΛΟΓΗΤΑΡΙΑ

Εὐλογητὸς εἶ, Κύριε, δίδαξόν με τὰ δικαιώματά σου.

Τῶν Ἀγγέλων ὁ δῆμος, κατεπλάγη ὁρῶν σε, ἐν νεκροῖς λογισθέντα· τοῦ θανάτου δὲ Σωτήρ, τὴν ἰσχὺν καθελόντα καὶ σὺν ἑαυτῷ, τὸν Ἀδὰμ ἐγείραντα, καὶ ἐξ Ἅδου πάντας ἐλευθερώσαντα.

Εὐλογητὸς εἶ Κύριε, δίδαξόν με τὰ δικαιώματά σου.

Τί τὰ μύρα, συμπαθῶς τοῖς δάκρυσιν, ὦ μαθήτριαι, κιρνᾶτε; ὁ ἀστράπτων ἐν τῷ τάφῳ Ἄγγελος, προσεφθέγγετο ταῖς Μυροφόροις· Ἴδετε ὑμεῖς τὸν τάφον καὶ ἥσθητε· ὁ Σωτὴρ γὰρ ἐξανέστη τοῦ μνήματος.

Εὐλογητὸς εἶ, Κύριε, δίδαξόν μὲ τὰ δικαιώματά σου.

Λίαν πρωῒ, Μυροφόροι ἔδραμον, πρὸς τὸ μνῆμά σου θρηνολογοῦσαι· ἀλλ᾽ ἐπέστη πρὸς αὐτὰς ὁ Ἄγγελος, καὶ εἶπε· Θρήνου ὁ καιρός, πέπαυται, μὴ κλαίετε· τὴν Ἀνάστασιν δὲ Ἀποστόλοις εἴπατε.

Εὐλογητὸς εἶ, Κύριε, δίδαξόν με τὰ δικαιώματά σου.

Μυροφόροι γυναῖκες, μετὰ μύρων ἐλθοῦσαι, πρὸ τὸ μνῆμά σου, Σῶτερ ἐνηχοῦντο, Ἀγγέλου τρανῶς, πρὸς αὐτὰς φθεγγομένου· Τί μετὰ νεκρῶν τὸν ζῶντα λογίζεσθε; ὡς Θεὸς γὰρ ἐξανέστη τοῦ μνήματος.

215

Δόξα. Τριαδικόν.

Προσκυνοῦμεν Πατέρα, καὶ τὸν τούτου Υἱόν τε, καὶ τὸ Ἅγιον Πνεῦμα· τὴν ἁγίαν Τριάδα ἐν μιᾷ τῇ οὐσίᾳ, σὺν τοῖς Σεραφείμ, κράζοντες τό: Ἅγιος, Ἅγιος Ἅγιος εἶ, Κύριε.

Καὶ νῦν. Θεοτοκίον.

Ζωοδότην τεκοῦσα, ἐλυτρώσω Παρθένε, τὸν Ἀδὰμ ἁμαρτίας· χαρμονὴν δὲ τῇ Εὔᾳ ἀντὶ λύπης παρέσχες· ρεύσαντα ζωῆς, Ἴθυνε πρὸς ταύτην δέ, ὁ ἐκ Σοῦ σαρκωθεὶς Θεὸς καὶ ἄνθρωπος.

Ἀλληλούϊα, Ἀλληλούϊα, Ἀλληλούϊα. Δόξα σοι ὁ Θεός·   *(ἐκ τρίτου)*

Ἅγιος Κύριος ὁ Θεὸς ἡμῶν. (τρίς)   πᾶσα πνοὴ ---
Στιχηρὰ ἰδιόμελα εἰς ἦχον β΄.

Σήμερον συνέχει τάφος, τὸν συνέχοντα παλάμῃ τὴν Κτίσιν· καλύπτει λίθος, τὸν καλύψαντα ἀρετῇ τοὺς οὐρανούς· ὑπνοῖ ἡ ζωή, καὶ Ἅδης τρέμει, καὶ Ἀδὰμ τῶν δεσμῶν ἀπολύεται. Δόξα τῇ Σῇ οἰκονομίᾳ, δι᾽ ἧς τελέσας πάντα σαββατισμὸν αἰώνιον, ἐδωρήσω ἡμῖν τὴν παναγίαν ἐκ νεκρῶν σου Ἀνάστασιν.

Τί τὸ ὁρώμενον θέαμα; τίς ἡ παροῦσα κατάπαυσις; ὁ Βασιλεὺς τῶν αἰώνων, τὴν διὰ πάθους τελέσας οἰκονομίαν, ἐν τάφῳ σαββατίζει, καινὸν ἡμῖν παρέχων σαββατισμόν. Αὐτῷ βοήσωμεν· Ἀνάστα ὁ Θεός, κρίνων τὴν γῆν, ὅτι Σὺ βασιλεύσεις εἰς τοὺς αἰῶνας, ὁ ἀμέτρητον ἔχων τὸ μέγα ἔλεος·

Εἶτα Δεῦτε ἴδωμεν, *ἦχος β΄:* Ἠτήσατο Ἰωσήφ. Δόξα Πατρί. Τὴν σήμερον μυστικῶς. Καὶ νῦν. Ὑπερευλογημένη ὑπάρχεις.   *Δοξολογία μεγάλη*

Μετὰ τὴν δοξολογίαν τελεῖται ἡ ἔξοδος τοῦ ἐπιταφίου, φερομένου ἐπὶ κεφαλῆς ὑπὸ τῶν ἱερέων ἢ βασταζομένου ὑπὸ πιστῶν, καὶ περιαγομένου μετὰ τοῦ Ἱεροῦ Εὐαγγελίου κύκλῳ τοῦ ναοῦ, ἢ διὰ τῆς πόλεως ἢ τῆς Κωμοπόλεως.
Κατὰ τὴν ἔξοδον ταύτην ψάλλουσιν οἱ χοροὶ τὸ Ἀσματικὸν   Ἅγιος
ὁ Θεός,   ἢ τὸ ἑπόμενον.

Ἀσματικόν.
Ἦχος πλ. α΄.

Τὸν ἥλιον κρύψαντα τὰς ἰδίας ἀκτῖνας, καὶ τὸ καταπέτασμα τοῦ ναοῦ διαρραγέν, τῷ τοῦ Σωτῆρος θανάτῳ, ὁ Ἰωσὴφ θεασάμενος προσῆλθε τῷ Πιλάτῳ, καὶ καθικετεύει λέγων· δός μοι τοῦτον τὸν ξένον, τὸν ἐκ βρέφους ὡς ξένον, ξενωθέντα ἐν κόσμῳ· δός μοι τοῦτον τὸν ξένον, ὃν ὁμόφυλοι μισοῦντες, θανατοῦσιν ὡς ξένον· δός μοι τοῦτον τὸν ξένον, ὃν ξενίζομαι βλέπειν,
.... Ἐπανερχόμενοι εἰς τὸν ναὸν ὁ ἱερεύς
ἐκφωνεῖ: Πρόσχωμεν, Εἰρήνη πᾶσι, Σοφία. Ὅτε κατῆλθες .
Ταῖς Μυροφόροις . . . Ὁ εὐσχήμων . .Προφητεία.
Ἀπόστολος, Εὐαγγέλιον. ΑΠΟΛΥΣΙΣ.

216

219

η - με - ρος - ἐκ τά - - - φου. - - Φω- τί - ζου, φω-
i - me - ros ek ta - - - - foo. Fo- ti - - zoo fo-

τί - - - - ζου - ἡ νέ - α 'I - ε - ρου-σα - λημ. ἡ γάρ.
ti - - - - zoo i ne - a i - e - roo-sa - lim i ghar

δό - ξα Κυ - ρί - - - - - - - ου ε -πι σε ἀ- νέ- τει-λε.Χό-
tho - ksa Ky - ri - - - - - - - - oo e- pi se a- ne- ti- le Ho-

ρευ-ε νῦν καὶ ἀ -4/4 γάλ - - - - - - - λου- - Σι - - - ὼν
re - ve nin ke a -4/4 gha - - - - - - - loo - - si____ on

σύ - δε ἀ - γνὴ τέρ-που θε - ο - τό - - - - κε εν
si - - the agh - ni ter-poo the - o - to - - - - ke en

τῇ ἐ - γέρ - σει του τό - κου - - σου.
di e - yer - - si too to - - - koo - - - - soo.

220

Κοινωνικόν ΑΝΑΛΗΨΕΩΣ

271 'Α - νέ - - - βη ὁ θε - ὸς ἐν ἀλ - λα - λαγ - μῷ
A - - - ne - - - - vi o - Oe - os en a - la - lag - mo

Κύ - ρι - ος ἐν φω - νῇ - σάλ - πιγ - γος.
Ky - ri - os en fo - ni - sal - pin - gos.

'Αλ - λη - λού - - - - - - - - ι - α 'Αλ - λη - λού - - - -
Al - li - loo - - - - - - - - - - i - a Al - li - loo - - - -

Αλ - λη - λου - ια

-ου - ί - α 'Αλ - - - - - λη - λού - ϊα 'Αλ - λη - λού - ί - α.
oo - i - a, Al - - - - - - li - loo - ia Al - li - loo - i - a

'Αλ - λη - λού - ϊα Αλ - - - - - - λη - λου - ια Αλ - λη - λου - ί - α.

ΕΙΣ ΤΟ ΜΕΓΑ ΑΠΟΔΕΙΠΝΟΝ.

272 Κύ - ρι - ε τῶν δυ - νά - με - αν μεθ ἡ - μῶν - γε - νοῦ
Ky - ri - e ton thi - na - me - on meO i - mon - ye - noo

ἄλ - λον γὰρ ἐ - κτός σου βο - η - θόν ἐν θλί - ψε - σιν οὐκ
a - lon ghar e - ktos soo vo - i - Oon en Oli - pse - sin ook

ἔ - χο - μεν - - - - - - - Κύ - ρι - ε τῶν δυ - νά - με -
e - - ho - men - - - - - - - - Ky - ri - e ton thi - na - me -

αν ἐ - λέ - η - σον ἡ - μᾶς.
on e - le - i - son i - mas.

221

ΦΩΣ ΙΛΑΡΟΝ

273

Φῶς ἱ-λα-ρὸν ἁ-γί-ας δό - - - ξης α-θα-νά- - - του Πατρὸς
Fos i - la - ron a - yi -as tho - - - - ksis a - θa - na - - - too Pa-tros

οὐ - ρα - νί - - - ου ἁ - γί - ου μά - κα - ρος Ἰ - η - σου - - -
oo - ra - ni - - - oo a - yi - oo ma - ka - ros I - i - soo - - -

Χρι - - - - στὲ ἐλ-θόν - - - - - - τες ἐ-πὶ τὴν ἡ-λί-ου δυ - - χι
Hri - - - - ste el - θon - - - - - - - des e - pi tin i - li - oo thi - -

σιν ἰ - δόν-τες φῶς ἑ - σπε-ρι-νὸν ὑ - μνοῦμεν Πα-τέ - ρα Υἱ -
sin i - thon-des fos e - spe - ri - non im - noo-men Pa- te - - ra I -

ὸν καὶ ἅ - - - γι-ον Πνεῦ - μα θε - όν ἄ -ξι-ον - - - σε ἐγκα-
on ke a - - - yi-on Pnev - ma θe - on a - ksi-on - - - se en ba-

σι καὶ-ροῖς ὑ -μνεῖ- - - σθαι φω-ναῖς αἰ- σί - αις Υἱ -
si ke - ris im - ni - - - sθe fo - nes e - si - es I -

222

ε – θε – ου ζω – ήν – – – – – – – – ό δι – δούς – – –
e – θε – oo zo – in – – – – – – – – – o thi – thoos – – – –

δι-ό – ό – – – κό – σμος σὲ – – δο – ξά – – – ζει – ο
thi-o – o – – – koz – mos se – – – tho – ksa – – – – zi –.

Ιροκείμενον Ἑσπερινοῦ Πεντηκοστῆς.

274 Τίς θε – ὸς μέ – – – – – – γας – – – ὡς ὁ – θε-ὸς ἡ –μῶν
Tis the – os me – – – – – – – ghas – – os o – the- os i –mon-

Σὺ εἶ ὁ θε – ὸς ὁ ποι – ῶν θαυ – μά – σι – α μο – – – – νος.
Si i o the – os – o pi – on thav – mi – si – a mo – – – nos.

ΕΙΣ ΤΗΝ ΠΡΟΣΚΥΝΗΣΙΝ ΤΟΥ ΣΤΑΥΡΟΥ

275 Κύ ρι ε ᾽ –λέη–σον; Κύριε ᾽λέη –σον; Κύ ρι ε ᾽λέη–σον; Κύρι-ε ᾽λέησον; Κύριε
A Ky –ri –e lei–son, Kyrie lei– son Ky –ri –e lei– son Ki –ri –e lei–son Kyrie

λεη –σον; Κύρι-ε ᾽λέη– σον; Κύρι-ε ᾽λέη–σον; Κύρι-ε ᾽λέησον; Κύρι-ε
lei– son Ky –ri –e lei– son Ky –ri –e le– son Ky –ri –e lei–son Ky –ri –e

λέη– σον; Κύρι-ε λεη–σον; Κύρι-ε ᾽λέη–σον; Κύρι-ε Ἐ-λέ-η–σον.
lei– son Ky –ri –e lei– son Ky –ri –e lei– son Ky –ri –e E– le– i – son.

223

Εἰς τὴν ΑΡΤΟΚΛΑΣΙΑΝ.

276 Θε-ο-τό-κε Παρ-θέ----νε χαῖ-ρε Κε-χα-ρι-τω-μέ-
Ξe-o-to-ke Par-θe----ne he-re Ke-ha-ri-to-me-

νη Μα-ρι-α ὁ Κύ-ρι-ος με-τὰ Σοῦ Εὐ-λο-γη-μέ-νη-
mi Ma-ri-a o Ky--ri-os me-ta soo Ev-lo-yi-me-ni-

Σὺ ἐν γυ-ναι-ξὶ καὶ εὐ-λο-γη-μέ-νος ὁ καρ-πὸς-τῆς κοι-λίας
Si en yi-ne-ksi ke ev-lo-yi-me-nos o kar-pos--tis ki-li-as

Σου, ὅ-τι Σω-τῆ-ρα ἔ-τε-κες-τῶν ψυ-χῶν ἡ-μῶν.
soo o-ti so-ti-ra e-te--kes ton psi-hon i-mon.

τὸν
277 Πλού-σι-οι ἐ-πτώ-χευ-σαν καὶ ἐ-πεί-να-σαν οἱ δὲ ἐκ-ζη-τοῦν-τες
Ploosi-i e-pto-hef-san ke e-pi-na-san i the ek-zi-toondes ton

Κύ-ρι-ον οὐκ ἐ-λατ-τω-θή-σον-ται παν-τὸς ἀ-γα-θοῦ.
Εἰς περίπτωσιν συλλειτουργοῦ ψάλλεται τὸ ἀκόλουθον ἀντὶ τοῦ "Πατέρα Υἱὸν:

278 Ἀ-γα-πή-σω σε Κύ-ρι-ε ἡ ἰ-σχύς-μου, Κύ-ρι-ος στε-
A-gha-pi-so se Ky-ri-e i is-his-moo Ky-ri-os ste-

ρέ-ω-μα μου καὶ κα-τα-φυ-γή-μου καὶ ῥύ-στης μου
re-o-ma moo ke ka-ta-fi-yi-moo ke ri-stis moo.

224

Εὐλογητὸς ὁ θεὸς ....

Ἅγιος ὁ θεὸς ..Παναγία Τριὰς ... Πάτερ ἡμῶν ...Ὅτι Σου..
Ἀπολυτίκιον τῆς ἡμέρας, ἡ τοῦ Ἁγίου τοῦ Ναοῦ.
Ἀναγινώσκονται οἱ τέσσαρες ἀφορκισμοὶ ὑπὸ τοῦ ἱερέως.
καὶ τὸ "ΕΞΕΛΑΣΟΝ ΕΠ ΑΥΤΟΥ".... ὁ ψάλτης, ΑΜΗΝ.
Ἀκολουθεῖ τὸ "ΑΠΟΤΑΣΣΗ ΤΩ ΣΑΤΑΝΑ" καὶ τὸ "ΣΥΝΤΑΣΣΗ ΤΩ
ΧΡΙΣΤΩ" καὶ εἰς τὸ "ΠΙΣΤΕΥΕΙΣ ΑΥΤΩ" "ΠΙΣΤΕΥΩ ΑΥΤΩ ΩΣ ΒΑ-
ΣΙΛΕΙ ΚΑΙ ΘΕΩ" λέγεται τὸ σύμβολον τῆς πίστεως "ΠΙΣΤΕΥΩ
ΕΙΣ ΕΝΑ ΘΕΟΝ".   Ἀπόλυσις καὶ ἀμέσως ἄρχεται ἡ ἀκολουθί-
α τοῦ Ἁγίου Βαπτίσματος.
Εὐλογημένη ἡ βασιλεία τοῦ Πατρὸς ....,Ἐν εἰρήνη .....
Χορός. Κύριε Ἐλέησον. ....Ὑπερ τῆς ἄνωθεν ...
Τῆς Παναγίας ἀχράντου ... Σοὶ Κύριε
Ἰερεύς. ΜΕΓΑΣ ΕΙ ΚΥΡΙΕ ΚΑΙ ΘΑΥΜΑΣΤΑ ΤΑ ΕΡΓΑ ΣΟΥ ΚΑΙ ΟΥ-
ΔΕΙΣ ΛΟΓΟΣ ΕΞΑΡΚΕΣΕΙ ΠΡΟΣ ΥΜΝΟΝ ΤΩΝ ΘΑΥΜΑΣΙΩΝ ΣΟΥ (τρὶς)
Χορός.Δόξα Σοι Κύριε Δόξα Σοι.
Ἰερευς. ΑΥΤΟΣ ΟΥΝ ΦΙΛΑΝΘΡΩΠΕ ΑΓΙΑΣΟΝ ΤΟ ΥΔΩΡ ΤΟΥΤΟ(τρὶς)
Χορός. Ἀμήν.
Ἰερεύς.ΣΥΝΤΡΙΒΗΤΩΣΑΝ ΥΠΟ ΤΗΝ ΣΗΜΕΙΩΣΙΝ ΤΟΥ ΤΙΜΙΟΥ ΣΤΑΥ-
ΡΟΥ ΣΟΥ ΠΑΣΑΙ ΑΙ ΕΝΑΝΤΙΑΙ ΔΥΝΑΜΕΙΣ (τρὶς).Χορός,Ἀμήν.
Ἰερεὺς,ΟΤΙ ΠΡΕΠΕΙ ΠΑΣΑ ΔΟΞΑ... ΕΙΡΗΝΗ ΠΑΣΙ
Χορός,Καὶ τῷ πνεύματι Σου.
Ἰερεὺς ΤΑΣ ΚΕΦΑΛΑΣ ΗΜΩΝ ΤΩ ΚΥΡΙΩ ΚΛΙΝΟΜΕΝ
Χορός,Σοὶ Κύριε.
Ἰερευς,ΤΟΥ ΚΥΡΙΟΥ ΔΕΗΘΩΜΕΝ
Χορός,Κύριε Ἐλέησον.
Ἰερεὺς,ἀναγινωσκει τὴν εὐχὴν "Δεσποτα Κυριε"...ΠΡΟΣΧΩΜΕΝ
Χορός,

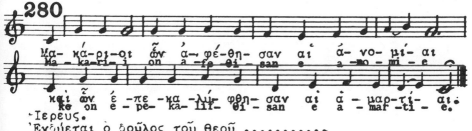

Ἀλ -λη-λού-ϊ-α, Ἀλ-λη-λού-ϊ -α, Ἀλ - λη -λού- ϊ- α.
Ἰερεύς.ΧΡΙΕΤΑΙ Ο ΔΟΥΛΟΣ ΤΟΥ ΘΕΟΥ ....
Χορός,Ἀμήν.
Ἰερεύς,ΟΣΤΙΣ ΘΕΛΕΙ ΟΠΙΣΩ ΜΟΥ ΕΛΘΕΙΝ ....
        ΒΑΠΤΙΖΕΤΑΙ Ο ΔΟΥΛΟΣ ΤΟΥ ΘΕΟΥ..ΚΑΙ ΤΟΥ ΑΓΙΟΥ ΠΝΕΥ-
        ΜΑΤΟΣ
Χορός,Ἀμήν.

280

Μα- κα-ρι-οι ὧν ἀ- φέ-θη- σαν αἱ ἀ-νο-μι-αι
Ma - ka-ri-j on a -fe-thi- san e a-no-mi-e
καὶ ὧν ἐ -πε -κα -λύ- φθη- σαν αἱ ἁ - μαρ-τί- αι.
ke on e -pe- ka- lif- thi- san e a -mar -ti- e.
Ἰερευς.
Ἐνδύεται ὁ δοῦλος τοῦ θεοῦ ....

281 Χι-τῶ-να μοι πα-ρά-σχου φω-τει-νόν, ὁ ἀ-ναβαλ-
Hi-to-na mi pa-ra-shoo fo-ti-non o a-na-va-

λό-με-νος φῶς - ὡς ἱ-μά-τι-ον πο-λυ-έ-λε-ε Χρι-στὲ-
lo-me-nos fos - os i-ma-ti-on po-li-e-le-e Hri-ste-

ὁ Θε-ὸς ἡ-μῶν.
o The-os i-mon.

Καταβασίαι· "ΣΤΑΥΡΟΝ ΧΑΡΑΞΑΣ ΜΩΣΗΣ"

282 Σταυ-ρὸν χα-ρά-ξας Μω-σῆς ἐπ εὐ-θεί-ας ρά-βδῳ
Sta-vron ha-ra-ksas Mo-sis ep ef-thi---as rav-tho

τὴν Ἐ-ρυ-θρὰν δι-έ-τε-με τῷ Ἰσ-ρα-ὴλ πε-ζεύ-σαν-τι-
tin E-ri-thran thi-e-te-me to Is-ra-il pe-zef-san-di-

τὴν δὲ ἐ-πι-στρε-πτι-κῶς Φα-ρα-ὼ τοῖς ἅρ-μα-σι χρο-
tin the e-pi-stre-pti-kos Fa-ra-o tis ar-ma-si kro-

τή-σας ἤ-νω-σεν, ἐπ εὔ-ρους δι-α-γρά-ψας τὸ ἀ-ήτ-
ti-sas i-no-sen ep ev-roos thi-a-ghra-psas to a-i

τη-τον ὅ-πλον δι-ὸ Χρι-στῷ ἄ-σω-μεν, τῷ Θε-ῷ ἡ-μῶν
ti-ton o-plon thi-o Hri-sto a-so-men to The-o i-mon

ὅ-τι δε-δό-ξα-σται.
o-ti the-tho-ksa-ste.

Ρά-βδος εἰς τύ-πον τοῦ μυ-στη-
Rav-thos is ti-pon too mi-sti-

ρί-ου πα-ρα-λαμ-βά-νε-ται. τῷ βλα-στῷ-γὰρ προ-
ri-oo pa-ra-lam-va-ne-te to vla-sto-ghar pro-

κρί-νει τὸν ἱ-ε-ρέ-α, τῇ στει-ρευ-ού-σῃ δὲ-πρώ-ην
kri-ni ton i-e-re-a ti sti-re-voo-si the-pro-in

Ὅ - θεν τρι-ά - με - ρος ἐκ-δύς τὴν ὑ - περ - κό - σμι - ον ἀ - νά στα
O - then tri-i - me - ros ek - this tin i - per - koz - mi - on a - nasta-

σιν ὑ - πε - ζω - γρά - φη - σε τοῦ σαρ - κί προσ-σπα - γέν - τος χρι-στοῦ
sin i - pe - zo - ghra - fi - se too sar - ki pro - spa - yen - dos Hri-stou

τοῦ Θε - οῦ καὶ τρι-η - μέ - ρῳ ἐ - γέρ - σει τὸν κό - σμον φω - τί - σαντος
too Θε - o - ke tri i - me - ro e - yer si ton koz mon fo - ti sandos,

ORGAN

6.

Ἔκ - νο - ον πρό - σταγ - μα τυ - ράν - νου δυσ - σε -
Ek - no - on pro - stag - ma ti - ra - noo thi - se

βοῦς λα - οὺς ἐ - κλό - νη - σε πνέ - ον ἀ - πει - λῆς καὶ δυ - σση -
voos la - oos e - klo - ni - se pne - on a - pi - lis ke this - fi -

μί - ας θε - ο - στυ - γοῦς ὅ - - - μως τρεῖς παῖ - δας οὐκ ἐ - δει -
mi - as θe - o - sti - ghoos o - - - mos tris pe - thas ook e - thi -

μά - τω - σε θυ - μός - - - - θη - ρι - ώ - δης οὐ πῦρ βρό - με - ον.
ma - to - se θi - mos - - - - θi - ri - o - this oo pir vro - me - on

ἀλλ' ἀν - τι - χοῦν - τι δρο - σο - βό - λῳ πνεύ - μα - τι πυ - ρὶ σύ -
al an - di - noon - di thro - so - vo - lo pnev - ma - ti pi - ri si -

γόν - τες ἔ - ψαλ - λον. ὁ ὑ - περ - ύ - μνη - τος τῶν πα - τέ - ρων
non des e - psa - lon o i per im - ni - tos ton pa - te - ron

καὶ ἡ - μῶν Θε - ός εὐ - λο - γη - τός - σοι. Εὐ - λο - γεῖτε
ke i - mon θe - os ev - lo - yi - tos - si Ev - lo - yi - te

παῖ - - - - δες τῆς Τρι - ά - δος ἰ - σά - ρι θ - μοι δη - μι - ουρ-
pe - - - - thes tis Tri - a - - thos i - sa - riθ - mi thi - mi - oor-

228

γὸν Πα - τέ - ρα θε - όν. Ὑ μνεῖ - - - τε τὸν συγ-κα-τα -
ghon Pa - te - ra the on I mni - - - te ton sin-ga-ta -

βάν-τα Λό - - - γον καὶ τὸ πῦρ εἰς δρό- σον με -
van-ta lo - - - ghon ke to pir is thro- son me -

τα - ποι-ή - σαν-τα καὶ ὑ-περ υ-ψοῦ-τε τὸ πᾶ - σι ζω-
ta - pi-i - san-da ke i-per i-psoo-te to pa - si zo-

ῆν πα-ρέ - χον Πνεῦ- μα πα-να- γι-ον εἰς τοὺς αἰω - νας.
in pa-re - chon Pnev- ma pa-na- yi-on is toos e-o - nas.

Μυ-στι-κὸς εἶ θε-ο-τό-κε Πα-ρα-δει-σός ἀ- γε-ωρ-γη - τος βλα
Mi -sti-kos si the -o-to-ke Pa-ra-thi-sos a- ye-or-yi - - -tos vla-

στή - σα - σα Χρι - στὸν, ὑφ οὗ τὸ τοῦ Σταυ-ροῦ
sti - sa -sa Hri - ston if oo-to too Stav- roo

ζω - η - φό - - - ρον ἐν γῆ κε-φυ-τούρ- γη- ται δέν- δρον Δι-
zo-i - fo - - - ron-en yi pe-fi- toor- yi - te then-thron Thi-

οῦ νῦν ὑ-ψου-μέ - νου προ- σκυ-νοῦν-τες αὐ- τόν,
oo nin i-psoo-me - noo pros- ki - noondes af - ton

Σὲ - με - γα - λύ - νο - μεν.
Se - me - gha - li - no - men.

Καὶ μετὰ τὸ ἐνδῦσαι τὸ παιδίον ἐπεύχεται ὁ ἱερεύς λέγων τὴν
Εὐχήν "ΕΥΛΟΓΗΤΟΣ ΕΙ ΚΥΡΙΕ Ο ΘΕΟΣ Ο ΠΑΝΤΟΚΡΑΤΩΡ" - - - - -
Μετὰ τὴν εὐχήν χρίει τὸν βαπτισθέντα, λέγων, ΣΦΡΑΓΙΣ ΔΩΡΕΑΣ
ΠΝΕΥΜΑΤΟΣ ΑΓΙΟΥ. ΑΜΗΝ.
Ὁ ἱερεύς κάμει σχῆμα κύκλου περὶ τὴν ἁγίαν κολυμβήθραν
ψάλλων τὸ "ΟΣΟΙ ΕΙΣ ΧΡΙΣΤΟΝ ΕΒΑΠΤΙΣΘΗΤΕ . . . . . Δύναμις.
ΟΣΟΙ ΕΙΣ ΧΡΙΣΤΟΝ . . Ἀπόστολος Εὐαγγελιον.
Ἀπόλυσις.

ΑΚΟΛΟΥΘΙΑ ΤΟΥ ΣΤΕΦΑΝΩΜΑΤΟΣ

Ἐμβατήριον Γαμηλίου Πομπῆς Διὰ Μικτὴν Χορῳδίαν

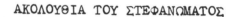

283 Δεῦ-ρο κα-λὴ δεῦ-ρο ἁ-γνὴ ἐλ-θὲ ὦ Νύμ-φη ὡραί-α σε-μνὴ

The-vro ka-li thevro aghni el-θe o nim-fi o- re-a sem- ni

ἄν-θος εὐ-ῶ-δες κρί-νον ἀ-γρῶν μύ-ρουγλυ-κεῖ-α κ'εὐ- ώ-δης πνο-ὴ

an-θos e-vo-thes krinon a -gron miroo glikia kie-vothis pnoi

ἄν-θο-στε-φὴς ἀ-μυγ-δα-λῆ ἐλ-θὲ ὦ Νύμ-φη ἐν μέ-σῳ ἡ-μῶν.

an-θo-stefis a-migtha-li el-θeo nimfi en me- so i-mon.

230

διὰ Τενόρον ἤ Σοπράνον
Bridal March

R. WAGNER

Con moto moderato (Lohengrin)

285

Τοῦ Σταυ-ροῦ Σου τὸν τύ-πον ἐν οὐ-ρα-νῷ θε-α-σά-με-νος
Too Stav-roo Soo ton ti-pon en oo-ra-no the-a-sa-me-nos

καὶ ὡς ὁ Παῦ-λος τὴν κλῆ-σιν οὐκ ἐξ ἀν-θρώ-πων δε-
ke os o Pav-los tin kli-sin ook eks an-thro-pon the-

ξά-με-νος ὁ ἐν βα-σι-λεῦ-σιν Ἀ-πό-στο-λος Σου Κύ-ρι-ε
ksa-me-nos o en va-si-le-sin A-po-sto-los soo Ky-ri-e

βα-σι-λεύ-ου-σαν πό-λιν τῇ χει-ρί Σου πα-ρέ-θε-το.
va-si-le-voo-san po-lin ti hi-ri soo pa-re-the-to

ἣν πε-ρί-σω-ζε δι-ὰ παν-τὸς ἐν εἰ-ρή-νῃ πρε-σβε-
in pe-ri-so-ze thi-a-pan-dos en i-ri-mi presvi-

αις τῆς Θε-ο-τό-κου μό-νε φι-λάν-θρω-πε.
es tis The-o-to-koo mo-ne fi-lan-thro-pe.

232

Μακάριοι πάντες οἱ φοβούμενοι τὸν Κύριον·
Οἱ πορευόμενοι ἐν ταῖς ὁδοῖς Αὐτοῦ.
Τοὺς πόνους τῶν καρπῶν σου φάγεσαι....
Καὶ ἴδοις υἱοὺς τῶν υἱῶν σου εἰρήνη ἐπὶ τῶν Ἰσραὴλ.

Tho-ksa si o the-os- i-mon tho- ksa- si.
Δό-ξα Σοι ὁ Θε-ὸς ἡ-μῶν δό-ξα Σοι.

286 Κων-σταν-τῖ-νος σή - με - ρον σὺν τῇ μη-τρὶ τῇ Ἑ-
Kon-stan-di-nos si - me - ron sin di mitri ti E-

λέ - νη τὸν Σταυ-ρὸν - ἐμ - φαί - νου - σι
le - - - - - ni ton Stav-ron - em - fe - noo- si

τὸ παν-σε-βά-σμι-ον ξύ - λον, πάν - των μὲν
to pan-se-baz-mi-on ksi - - - - lon pan-don men

τῶν Ἰ-ου-δαί - ων αἰ-σχύ-νην ὂν - τα,
ton I-oo-the - - - - on es-hi-nin on - - - - -da

233

o - no - ma Ky - ri - - - - - - oo e - pi - ka -

le - - - - - - - so - me.

289 I - sa - i - a ho - re - ve i par - θe - - nos e - shen

em ghastri ke e - te - ken I - on - ton E - ma - nooil θe -

on - te ke an - θropon A - na - to - li - o - no -

ma - af - to on me - gha - li - non - des tinPar - θe - non ma - ka -

ri - zo - - - men.

290 A - yi - i Mar - ti - res

i ka - los a - θli - sandes ke stefa - no - θen

τες πρε - σβεύ-σα-τε πρὸς   κύ - ρι - ον ἐ -λε-η - θῆ -ναι τὰς ψύ
des pres-vef-sa-te pros   Ky-ri-on e- le-i - θi - ne tàs psi

χὰς - ἡ - μῶν.
has - i - mon.

291 Δό- ξα Σοι Χρι - στὲ - ὁ θε
Tho-ksa si Hri-ste   o θe-

ὸς 'Α - πο - στό-λων καύ-χη - μα   Μαρ - τύ-ρων ἀ-γαλ - λί-α - μα
os A-po- sto-lon kafhi=ma   Mar - ti-ron a-gha- li-a-ma

ἂν τὸ κή ρυγ - μα Τρι - ὰς ἡ ὁ -μο -ού - σι -   ος.
on to ki-rig - ma Tri- as i o - mo- oo- si-   os.

Wedding March
(Midsummer Night's Dream)

F. MENDELSSOHN

Οργανον.

293 Εὐ -λό-γη-σον, Δέ- σπο- τα.   Εὐ- λο-γη- μένη ἡ βασιλεία τοῦ

Πατρὸς, καὶ τοῦ Υἱοῦ, καὶ τοῦ ἁγίου Πνεύματος, νῦν, καὶ ἀ -εὶ,

καὶ εἰς τοὺς αἰ-ῶ-νας τῶν αἰ-ώ- - νων.

'Εν εἰ-ρή- νῃ τοῦ Κυ- ρί - ου δε -η -θῶ- μεν.   Ὑ-πὲρ τῆς ἄ-

νωθεν εἰρήνης καὶ τῆς σωτηρίας τῶν ψυ-χῶν ἡ - μῶν, τοῦ Κυ-ρί-ου δεη-

θῶ- - μεν . Ὑ-πὲρ τῆς εἰ-ρή-νης τοῦ σύμ-παν-τος κό-σμου, εὐστα-

θείας τῶν ἁγίων τοῦ θεοῦ Ἐκκλησιῶν,   καὶ τῆς τῶν πάν-των ἑ-

νώ - σε - ως, τοῦ Κυ- ρί - ου δε -η - θῶ- - μεν.   ᾽κ.τ.λ.

με -τὰ   πάντων τῶν ἁγίων μνημονεύσαντες,   ἑ-αυ-τοὺς καὶ

ἀλλήλους, καὶ πᾶσαν τὴν ζω-ὴν ἡ - μῶν, Χρι-στῷ τῷ θε-ῷ πα-ρα-

θώ - με - θα.   Ὅτι πρέπει σοι πᾶσα δό-ξα,τι-μὴ, καὶ προσκύνησις
                    τῷ Πα- τρὶ καὶ τῷ Υἱῷ καὶ τῷ ἁγίῳ Πνεύματι,

νῦν, καὶ ἀ - εὶ, καὶ εἰς τοὺς αἰ- ῶ- νας τῶν αἰ- ώ- - νων.

Ὅπως ὑπὸ τοῦ κράτους σου πάντοτε φυλαττόμενοι....τῶν αἰώνων.

Πάντων ἡ-μῶν Μνησθεί-η Κύρι-ος ὁ θε-ὸς ἐν τῇ Βασιλείᾳ

αὐτοῦ, πάντοτε, νῦν, καὶ ἀ-εὶ, καὶ εἰς τοὺς αἰ-

ῶ-νας τῶν αἰ-ώ-νων.

Πλη-ρώσωμεν τὴν δέησιν ἡ-μῶν τῷ Κυ-ρί-ῳ, Ὑ-πὲρ τῶν

προτεθέντων τι-μί-ων Δώ--ρων, τοῦ Κυ-ρί-ου δε-η-θῶ-

μεν. Τὴν ἡ-μέ-ραν πᾶσαν, τελείαν, ἁγίαν, εἰρηντκὴν,

καὶ ἀ-να-μάρ-τη-τον, πα-ρὰ τοῦ Κυ-ρί-ου αἰ-τη-σώ-με-θα.

.... καὶ πᾶ-σαν τὴν ζω-ὴν ἡ-μῶν, Χρι-στῷ τῷ θεῷ πα-ρα-θώ-με-θα

Εἰ-ρή---νη πᾶ-σι. Ἀ-γα-πήσωμεν ἀλλήλους ἵνα ἐν

ὁ-μο-νοί-ᾳ ὁ-μο-λο-γή-σω-μεν. Τὰς θύρας, τὰς θύ-

ρας· ἐν σο-φί-ᾳ πρό-σχω-μεν. Στῶ-μεν κα-λῶς. Στῶμεν

με-τὰ φό-βου. πρό-σχω-μεν τὴν ἁ-γί-αν Ἀ-να-φο-ρὰν

240

καὶ δι-ὰ πάν-τα. Ἐ-ξαι-ρέτως τῆς Παναγίας, ἀχράντου,

ὑπερευλογημένης ἐνδόξου, Δεσποίνης ἡμῶν

Θε-ο-τό---κου καὶ ἀ-ει-παρ-θέ-νου Μα-ρί-ας.

Ἐν πρώ-τοις μνήσθητι, Κύριε, τοῦ Ἀρχιεπισκόπου ἡμῶν Μιχαήλ...

πασῶν
Καὶ ὧν ἕ-κα-στος κα-τὰ δι-ά-νοιαν ἔ-χει, καὶ πάντων καὶ

Καὶ δὸς ἡμῖν ἐν ἑνὶ στόματι καὶ μιᾷ καρδίᾳ δοξάζειν καὶ ἀνυμνεῖν
τὸ πάντιμον καὶ μεγαλόπρεπές ὄνομά σου, τοῦ Πατρός, καὶ τοῦ Υἱοῦ,

καὶ
καὶ τοῦ Ἁγίου Πνεύματος νῦν καὶ ἀεί, εἰς τοὺς αἰῶνας
τῶν αἰώνων.

Καὶ ἔσται τὰ ἐλέη τοῦ Μεγάλου Θεοῦ, καὶ Σωτῆρος ἡμῶν Ἰησοῦ Χρι-

στοῦ με-τὰ πάν-των ἡ-μῶν.

Πάντων τῶν ἁγίων μνημονεύσαντες ἔτι καὶ ἔτι..........
Καὶ καταξίωσον...Ὅτι σου...Εἰρήνη πᾶσι. Τὰς κεφαλὰς ἡμῶν....

Πρό-σχω-μεν. Τὰ ἅ-γι-α τοῖς ἁ-γί-οις.

Με-τὰ φόβου Θεοῦ, πίστεως, καὶ ἀ-γά-πης προ-σέλ-θε-τε.

Σῶ-σον ὁ θε -ὸς τὸν λα -όν σου καὶ εὐ-λό-γη - σον

τὴν κλη-ρο-νο - μί - αν σου. Πάντοτε, νῦν, καὶ ἀεὶ, καὶ .....

Ἐν εἰ-ρή-νη προ-έλ-θω-μεν. Τοῦ Κυ-ρί-ου δε-η- θῶ - μεν.

Ὅρθοι, μεταλαβόντες, τῶν, θείων,

Ὁ εὐλογῶν τοὺς εὐλογοῦντάς σε, Κύριε, ...

Μέρος Ἱερέως εἰς περίπτωσιν Μνημοσύνου.

294 Μνή-σθη-τι Κύ-ρι- ε, ὡς ἀ -γα -θός, τοῦ - δοῦ - λου σου

καὶ ὅ-σα ἐν βί - ῳ ἥ - μαρ-τε συγ- χώ - ρη - σον οὐ-

δεὶς γὰρ ἀ - να - μάρ- τη-τος εἰ -μὴ Σὺ ὁ δυ - νά -

με - νος καὶ- τῷ με-τα- στάν-τι δοῦ- ναι τὴν ἀ - νά -

παυ- σιν.

ΨΑΛΜΩΔΙΑΙ ΔΙΑΚΟΝΟΥ - ΙΕΡΕΩΣ εἰς MINOR KEY

295 Πλη - ρώ - σω- μεν τὴν δέ-η -σιν ἡ- μῶν τῷ Κυ-ρί - ῳ,

Ὑ -πὲρ τῶν προ-τε-θέν-των τι - μί -ων Δώ - ρων, τοῦΚυ-

ρί - ου δε-η- θῶ - μεν. ..... Χρι-στῷ τῷ θε-ῷ πα-ρα-θώμεθα.

243

Εἰ - ρή - νη πᾶ- σι. Ἀ-γα-πή-σω-μεν ἀλ-λή - λους ἵ-να ἐν ὁμο-

νοί- ᾳ ὁ-μο-λο-γή-σω-μεν. Τὰς θύ-ρας, τὰς θύ - ρας·

ἐν σο-φί-ᾳ πρό'-σχω-μεν. Στῶ-μεν κα-λῶς, Στῶ-μεν μετὰ

φό - βου, πρό-σχωμεν τὴν ἁ - γί - αν Ἀ-να- φο -ρὰν ἐν εἰ-ρήνῃ

(πρὸς)

φέ - ρειν. Ἡ χάρις τοῦ Κυρίου ἡμῶν Ἰ-η- σοῦ Χριστοῦ, καὶ ἡ ἀ-

γά -πη τοῦ θε-οῦ καὶ Πα -τρὸς, καὶ ἡ κοι-νω-νί-α τοῦ ἁ-γί-ου

Πνεύ-μα-τος εἴ- η με-τὰ πάν-των ἡ - μῶν. Ἄ-νω σχῶ-μεν

τὰς καρ -δί - ας. Εὐ-χα - ρι-στή-σω- μεν τῷ Κυ - ρί - ω.

Τὸν ἐ -πι - νί-κι -ον ὕ-μνον ᾄδοντα, βο-ῶν-τα, κε-κραγό-τα καὶ

λέ -γον - τα. Λά - βε-τε, φά-γε- τε, τοῦ- τό'μου ἐ-στί τὸ

Σῶ - μα, τὸ ὑ- πὲρ ὑ-μῶν κλώ-με- νον, εἰς ἄ-φε-σιν ἁ-μαρτιῶν.

Πί - ε-τε ἐξ αὐ -τοῦ πάν-τες, τοῦ- τό ἐ-στι τὸ αἷ-μα μου,

244

Τὸ τῆς και-νῆς Δι-α-θή-κης, τὸ ὑ-πὲρ ὑ-μῶν καὶ πολ-λῶν

ἐκ-χυ-νό-με-νον εἰς ἄ-φε-σιν- ἁ-μαρ-τι-ῶν.

Τὰ σὰ ἐκ τῶν σῶν σοὶ προ-σφέ-ρο-μεν, κα-τὰ πάν-τα,

καὶ δι-ὰ-πάν-τα. Ἐ-ξαι-ρέ-τως τῆς Παναγίας,

ἀχράντου, ὑπερευλογημένης ἐνδόξου, Δεσποίνης ἡμῶν θε-ο-

τό-κου καὶ ἀ-ει-παρ-θέ-νου Μα-ρί-ας.

Ἐν πρώτοις μνήσθητι........ Καὶ ὧν ἕκαστος ... Καὶ δὸς ἡμῖν..

Καὶ ἔσται τὰ ἐλέη τοῦ Μεγάλου θεοῦ..... Πάντων τῶν ἁγίων μνημονεύσαν-
τες...

Καὶ καταξίωσον ἡμᾶς ...... Ὅτι σοῦ ἐστὶν ἡ βασιλεία ....

Πρό-σχω-μεν. Τὰ ἅ-γι-α τοῖς ἁ-γί-----οις.

RECORDINGS OF THE PRIEST'S PARTS of Major and Minor Keys will be available
if demand warrants.

ΕΙΣΟΔΙΚΑ

Εἰς τὴν Ὕψωσιν τοῦ Τιμίου Σταυροῦ

296 Υ -ψοῦ-τε Κύ-ρι-ον τὸν θε-ὸν ἡ-μῶν καὶ προ-σκυ- νεῖ-τε τῷ- ὑ-πο-πο-δί-ῳ τῶν πο- δῶν αὐ- τοῦ ὅ-τι ἅ α-γι-ος ἐ-στί. Σῶ-σον ἡ-μᾶς Υἱ-ἐ θε-οῦ ὁ σαρ-κὶ σταυ-ρω- θεὶς ψάλ-λον-τάς Σοι Ἀλληλού-ϊα.

ΧΡΙΣΤΟΥΓΕΝΝΩΝ

297 Ἐκ γα-στρὸς πρὸ Ἑ - ο-σφό- ρου ἐ-γέν-νη-σά Σε. Ὤ -μο-σε Κύ-ρι-ος καὶ οὐ με-τα - με-λη-θή - - σε-ται. Σῶ-σον ἡ -μᾶς Υἱ-ἐ θε-οῦ ὁ ἐκ Παρ-θε - νου τε -χθεὶς ψάλλον-τάς Σοι Ἀλληλούϊα

Πρώτην Ἰανουαρίου.ἡμεραν ΑΓΙΟΥ ΒΑΣΙΛΕΙΟΥ

298 Δεῦτε προσκυ-νή-σω-μεν....Σῶσον ἡ-μᾶς....... ὁ σαρ-κὶ πε- ριτμηθεὶς Ψαλλοντας Σοι ΑΛΛΗΛΟΥΙΑ.

ΘΕΟΦΑΝΕΙΩΝ

θε -ὸς Κύ- ρι-ος καὶ ἐ -πέ- φα-νεν ἡ - μῖν εὐ-λο- γη - μέ-νος ὁ ἐρ-χό- με-νος ἐν ὀ - νό-μα-τι Κυ-ρί - - - - ου -. Σῶ-σον ἡ-μᾶς Υἱ-ἐ θε-οῦ ὁ ἐν Ἰ- ορ-δά- νῃ ὑ-πὸ Ἰ- ω-άν- νου - βα -πτι-σθεὶς. ψάλ-λον-τάς Σοι Ἀλ- λη - λού- ϊ - α.

ΥΠΑΠΑΝΤΗΣ

299 Ε - γνώ- ρι-σε Κύ-ρι- ος τὸ σω-τή -ρι- ον αὐ- τοῦ ἐ -ναν-

246

τί– ον πάντων τῶν ἐ –θνῶν. Σῶ–σον ἡ – μᾶς Υἱ –ὲ θε–οῦ ὁ ἐν ἀγ–

κά–λαις τοῦ δι–καί–ου Συ–με –ὼν βα–στα– χθείς, ψάλλοντάς Σοι ΑΛΛΗΛΟΥΙΑ

ΕΥΑΓΓΕΛΙΣΜΟΥ

300 Εὐ– αγ– γε– λί – ζεσθε ἡμέ –ραν ἐξ ἡ –μέ – – ρας τὸ σω–τή–ρι–ον

–τοῦ θε–οῦ – – ἡ –μῶν. Σῶ– σον ἡ –μᾶς Υἱ–ὲ θε–οῦ ὁ δι᾽ ἡ–

μᾶς σαρ–κω– θείς ψάλ–λον–τάς Σοι Ἀλ –λη – λού – ἳ – α.

ΚΥΡΙΑΚΗΣ ΤΩΝ ΒΑΙΩΝ

301 Εὐ–λο– γη–μέ – – –νος ὁ ἐρ–χό–με–νος ἐν ὀ–νό–μα–τι Κυρι᾽– ου θε–ός

Κύ –ρι– ος καὶ ἐ– πέ– φα–νεν ἡ – μῖν, Σῶ–σον ἡ–μᾶς Υἱ–ὲ θε– οῦ

ΚΥΡΙΑΚΗ ΤΟΥ ΠΑΣΧΑ.

ὁ ἐ–πὶ πώ–λου ὄ–νου– κα–θε–σθείς, ψάλλοντάς Σοι Ἐν Ἐκ–κλη–σί – –

ΑΛΛΗΛΟΥΙΑ. **302**

αις εὐ– λο–γεῖ–τε τὸν θεόν, Κύ–ρι–ον ἐκ πη–γῶν– Ἰσ–ρα – ήλ,

Σῶσον ἡμᾶς Υἱε θεοῦ ὁ ἀναστάς ἐκ νεκρῶν

ΑΝΑΛΗΨΕΩΣ ψάλλοντάς Σοι ΑΛΛΗΛΟΥΙΑ.

303 Ἀ– νέ – – βη ὁ θε–ός ἐν– ἀ– λα–λαγ–μῷ Κύ–ριος ἐν φω–νῇ– σάλ–πιγγος

Σῶ–σον ἡ–μᾶς Υἱ–ὲ θε– οῦ ὁ ἐν δό–ξῃ ἀ – να– λη–φθείς ἀφ᾽ ἡ– μῶν –

εἰς τοὺς οὐ– ρα– νούς ψάλλον–τάς Σοι Ἀλ–λη–λού– ἳ – α.

247

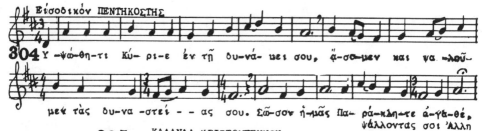

304 Ὑ-ψώ-θη-τι Κύ-ρι-ε ἐν τῇ δυ-νά-μει σου, ἄ-σω-μεν καὶ ψα-λοῦ-μεν τὰς δυ-να-στεί - - ας σου. Σῶ-σον ἡ-μᾶς Πα-ρά-κλη-τε ἀ-γα-θέ, ψάλλοντας σοι Ἄλλη

305   ΚΑΛΑΝΔΑ ΧΡΙΣΤΟΥΓΕΝΝΩΝ

Καλήν ἐσπέραν ἄρχοντες ἂν εἶναι ὁ ὁρισμός σας,
Χριστοῦ τὴν θείαν γέννησιν νὰ πῶ στ᾽ ἀρχοντικό σας
Χριστός γεννᾶται σήμερον ἐν Βηθλεέμ τῇ πόλει
οἱ οὐρανοὶ ἀγάλλονται χαίρει ἡκτίσις ὅλη
Ἐν τῷ σπηλαίῳ τίκτεται ἐν φάτνη τῶν ἀλόγων
ὁ Βασιλεὺς τῶν οὐρανῶν καὶ ποιητὴς τῶν ὅλων
Πλῆθος ἀγγέλων ψάλλοντες τὸ "ΔΟΞΑ ΕΝ ΥΨΙΣΤΟΙΣ"
Καὶ τοῦτο ἄξιον ἐστίν ἡ τῶν ποιμένων πίστις·
Ἐκ τῆς Περσίας ἔρχονται τρεῖς Μάγοι μὲ τὰ δῶρα
ἄστρον λαμπρὸν τοὺς ὁδηγεῖ χωρὶς νὰ λείψη ὥρα
Φθάσαντες εἰς Ἱερουσαλημ μὲ πόθον ἐρωτῶσι
Ποῦ ἐγεννήθη ὁ Χριστός νὰ πᾶν νὰ τὸν εὑρῶσι.

306   ΚΑΛΑΝΔΑ ΠΡΩΤΟΧΡΟΝΙΑΣ

Ἀρχιμηνιά κι᾽ ἀρχιχρονιά ψιλή μου δενδρολιβανιά
Κι᾽ ἀρχὴ καλός μας χρόνος Ἐκκλησιά μὲ τὰγιο θρόνος
Ἀρχὴ ποὺ βγῆκεν ὁ Χριστός Ἅγιος καὶ πνευματικός
Στὴ γῆ νὰ περπατήση καὶ νὰ μᾶς καλοκαρδίση
Ἅγιος Βασίλης ἔρχεται Ἄρχοντες τὸν κατέχετε
Ἀπὸ τὴν Καισαρεία Σ᾽ εἶσ᾽ ἀρχόντισσα κυρία
Βαστᾶ εἰκόνα καὶ χαρτὶ Ζαχαροκάντιο ζυμωτή
Χαρτὶ καὶ καλαμάρι Δές κι᾽ ἐμὲ τὸ παλληκάρι
Τὸ καλαμάρι ἔγραφε Ἡ μοῖρα μου τί μ᾽ ἔγραφε
Καὶ τὸ χαρτὶ ὡμίλει ἄσπρε μου χρυσέ μου ἥλιε
Βασίλη πόθεν ἔρχεσαι καὶ δὲν μᾶς καταδέχεσαι
Καὶ πόθεν κατεβαίνεις καὶ δὲν μᾶς ἀπανταίνεις
Ἀπὸ τῆς μάννας μου ἔρχομαι, ἐγὼ σᾶς καταδέχομαι
Καὶ στὸ σχολεῖο μου πάω Δὲν μοῦ λέτε τί νὰ κάμω
Κάτσε νὰ φᾶς κάτσε νὰ πῆς κάτσε τὸν πόνο σου νὰ πῆς
Κάτσε νὰ τραγουδήσης καὶ νὰ μᾶς καλοκαρδίσης.

307   Μελῳδίαι τῶν καλάνδων.

Κα-λήν ἑ-σπέ-ραν ἄρ-χον-τες ἂν - - - εἶ-ν᾽ ὁ ὁ-ρι-σμός- σας Χριστοῦ τὴν θεί-αν γέν-νη-σιν νὰ - - πῶ τ᾽ ἀρχοντι-κό - σας, μ. τ. λ. Ἀρ-χι-μη-νι᾽α κι᾽ἀρχιχρο-νι᾽α ψιλή μου δεν- δρο-λι-βα-νι᾽α Κι᾽ἀρ- - χή κι᾽ἀρχή καλός μας χρό-νος Ἐκ-κλη-σι᾽α Ἐκκλη-σι᾽α με τὰ-γιο θρόνος. μ.τ.λ.

248

πρε-σβεί-αις τῆς θε-ο-τό- - κου καὶ σῶ- σον ἦ- μας.
pres- vi- es tis θe-o-to- - koo ke so- son i- mas

Σύναξις τῆς ὑπεραγίας Θεοτόκου.

310 Εὐ- αγ-γε-λί-ζου, Ἰ -ω- σὴφ, τῷ Δαυ-ὶδ τὰ θαύ-μα- τα τῷ
E- van-ge -li -zoo I - o - sif to Tha -vith ta θav- ma - ta to

θε-ο- πά- το -ρι. Παρ- θέ - νον εἶ - δες κυ-ο-φο- ρή-σα- σαν
θe -o - pa - to -ri Par- θe- non i - thes ki -o - fo -ri- sa -san

με - τὰ μά - γων προ- σε -κύ- νη - σας με- τὰ ποι- μέ- νων ἐ-δο-ξα
me - ta ma - gon pro- se - ki -ni - sas me - ta pi - me - non e -thokso-

λό- γη- σας, δι᾽ ἀγ- γέ - λου χρη- μα -τι-σθείς, Ἰ-κέ-τευ-ε Χρι- στὸν
lo- yi -sas, thi-an -ge - loo hri - ma -tis θis I -ke - te -ve Hri - ston

τὸν θε- ὸν σω-θῆ- ναι τὰς ψυ - χὰς- ἠ - μῶν.
ton θe - on so- θi - ne tas psi - has - i - - mon.

251

ΤΩΝ ΕΙΣΟΔΙΩΝ.

314 Ὁ καθαρώτατος ναὸς τοῦ Σωτῆρος, ἡ πολυτίμητος παστὰς καὶ παρθένος τὸ ἱερὸν θησαύρισμα τῆς δόξης τοῦ θεοῦ, σήμερον εἰσάγεται ἐν τῷ οἴκῳ Κυρίου, τὴν χάριν συνεισάγουσα τὴν ἐν Πνεύματι θείῳ· ἣν ἀνυμνοῦσιν ἄγγελοι θεοῦ· Αὕτη ὑπάρχει σκηνὴ ἐπουράνιος.

O katharotatos naos too Sotiros i politimitos pastas ke parthenos to ieron thisavrisma tis thoksis too theoo simeron isayete en do ithiion animnoosin angeli theoo Afti iparhi skini epooranios.

315

A - min   I - - - - - - - ta - - - - - - He - roo - - - - vim

A - min   I - - - - - - ta - - - - - - He - roo - - - - vim

mi͜ - sti - - - kos   i - ko - ni - zon - des - Ke - - - - -

ti - - - - - - - - zo - - - - o - - - - - pi - - o   Tri -

a - - - - - - - - - - - - - - thi   Tri - - - - - a - - - - -

a - - - - - - - - a - - - - - - - - - - a - - - - - thi   ton   Tri -

sa - yi - on   im - - - - - - - non   pro - sa - - - - -

ΤΟ ΣΥΜΒΟΛΟΝ ΤΗΣ ΠΙΣΤΕΩΣ

1) Πιστεύω εἰς ἕνα Θεόν, Πατέρα παντοκράτορα, ποιητὴν οὐρανοῦ καὶ γῆς, ὁρατῶν τε πάντων καὶ ἀοράτων.

2) Καὶ εἰς ἕνα Κύριον Ἰησοῦν Χριστόν, τὸν Υἱὸν τοῦ Θεοῦ, τὸν μονογενῆ, τὸν ἐκ τοῦ πατρὸς γεννηθέντα πρὸ πάντων τῶν αἰώνων· φῶς ἐκ φωτός, Θεὸν ἀληθινὸν ἐκ Θεοῦ ἀληθινοῦ, γεννηθέντα, οὐ ποιηθέντα, ὁμοούσιον τῷ Πατρί· δι' οὗ τὰ πάντα ἐγένετο.

3) Τὸν δι' ἡμᾶς τοὺς ἀνθρώπους, καὶ δια τὴν ἡμετέραν σωτηρίαν κατελθόντα ἐκ τῶν οὐρανῶν, καὶ σαρκωθέντα ἐκ Πνεύματος Ἁγίου, καὶ Μαρίας τῆς Παρθένου, καὶ ἐνανθρωπήσαντα.

4) Σταυρωθέντα τε ὑπὲρ ἡμῶν ἐπὶ Ποντίου Πιλάτου, καὶ παθόντα, καὶ ταφέντα.

5) Καὶ ἀναστάντα τῇ τρίτῃ ἡμέρᾳ κατὰ τὰς Γραφάς.

6) Καὶ ἀνελθόντα εἰς τοὺς οὐρανούς, καὶ καθεζόμενον ἐκ δεξιῶν τοῦ Πατρός.

7) Καὶ πάλιν ἐρχόμενον μετὰ δόξης, κρῖναι ζῶντας καὶ νεκρούς, οὗ τῆς βασιλείας οὐκ ἔσται τέλος.

8) Καὶ εἰς τὸ Πνεῦμα τὸ Ἅγιον, τὸ Κύριον, τὸ Ζωοποιόν, τὸ ἐκ τοῦ Πατρὸς ἐκπορευόμενον, τὸ σὺν Πατρὶ καὶ Υἱῷ συμπροσκυνούμενον, καὶ συνδοξαζόμενον, τὸ λαλῆσαν διὰ τῶν προφητῶν.

9) Εἰς Μίαν Ἁγίαν, Καθολικήν, καὶ Ἀποστολικὴν Ἐκκλησίαν.

10) Ὁμολογῶ ἕν Βάπτισμα εἰς ἄφεσιν ἁμαρτιῶν.

11) Προσδοκῶ ἀνάστασιν νεκρῶν.

12) Καὶ ζωὴν τοῦ μέλλοντος αἰῶνος. Ἀμην.

ΑΠΟΛΥΤΙΚΙΟΝ ΑΓΙΑΣ ΣΟΦΙΑΣ

260

ΑΛΦΑΒΗΤΙΚΟΣ ΠΙΝΑΞ ΠΕΡΙΕΧΟΜΕΝΩΝ

The following books may be obtained by writing

CHRISTOS VRIONIDES
P. O. Box 459
Babylon, L. I., N. Y.
MOhawk 9-0445

1. "BYZANTINE HYMNOLOGY"
 __ Containing all the services of the Greek Orthodox
    Church (Baptismal, Wedding, Funeral, Lent, Holy Week,
    all special services and Holidays of the Church; with
    the Priests and Deacons parts intoned; and The Divine
    Liturgies of St. John Chrysostom and St. Basil)
    In Greek, with the English pronunciation
    1954 Second Edition, bound in durable Buchram cloth,
    268 pages

2. "THE CHILDREN'S LITURGY".. .. .. $ .60
    For Sunday School and Catechetical School
    Two-part singing with simple accompaniment for
    piano or organ
    1952 Edition, paper binding

3. "THE DIVINE LITURGY" $2.00
    Containing two Liturgies: one in four-part,
    one in three-part
    Regular book binding with hard cover, 100 pages
    1951 Edition

    Prices quoted do not include Postage.
    Discount of 10% for all orders of 15 or more books.

printed by
Wayside Press, Inc.
Amityville, N. Y.